GÉNÉALOGIE

DE

LA FAMILLE

de KERMAREC

depuis 1387 jusqu'en 1924

PAR

L'ABBÉ A. DESCHAMPS

Ancien curé de Poilley

Membre de la Société d'Archéologie

d'Avranches.

IMPRIMERIE E. TOTAIN

Torigni-sur-Vire (Manche)

1924

GÉNÉALOGIE

DE

LA FAMILLE

de KERMAREC

depuis 1387 jusqu'en 1924

PAR

L'ABBÉ A. DESCHAMPS

Ancien curé de Poilley

Membre de la Société d'Archéologie d'Avranches.

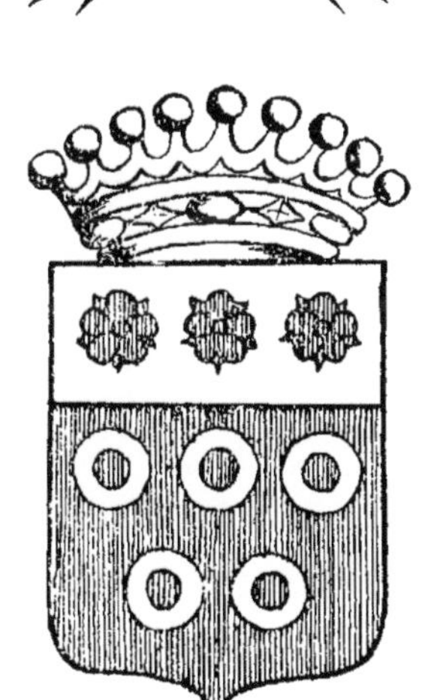

IMPRIMERIE E. TOTAIN

Torigni-sur-Vire (Manche)

1924

Se trouve chez l'auteur :

L'Abbé DESCHAMPS

Aumônier de l'Hospice

de **TORIGNI-SUR-VIRE** (**Manche**)

Prix : **6 Francs.**

PRÉFACE

Sachant, dès ma plus tendre enfance, par ma grand'mère, Caroline de Kermarec, femme Letourneur, que nous descendions d'une ancienne famille de Bretagne, j'avais toujours eu le vif désir de connaître au moins quelque chose sur mes ancêtres. J'avais entendu dire que notre bisaïeul, Léandre de Kermarec de Traurout, s'était marié trois fois, et avait eu plusieurs enfants d'un mariage antérieur à son troisième avec Françoise Bohineust. Et c'était tout.

J'entrai au grand séminaire de Coutances, au mois d'Octobre 1877. Un de nos professeurs nous donna, en 1878, pendant les grandes promenades d'été, quelques leçons d'héraldique. Je voulus savoir quelles étaient les armoiries de la famille de Kermarec. J'en écrivis à une cousine de ma grand'mère, Melle Marie-Louise de Kermarec, qui demeurait à Rennes. Elle me répondit en m'envoyant le cachet de la famille : de gueules à cinq annelets d'argent, posés 3 et 2, au chef d'argent, chargé de trois roses de gueules. Aux vacances suivantes, étant en promenade à Rennes, avec un prêtre, ami de notre famille, j'allai voir cette bonne demoiselle, âgée alors de 67 ans. Elle nous invita à dîner ; elle nous parla de La Chalotais, d'une sœur à elle, mariée à M. du Plessis, au château de Kergadiou, en Lanmeur (*Finistère*). Elle demeurait à Rennes, hôtel de Caradeuc. Je puis, aujourd'hui, établir sa généalogie et son degré de parenté avec ma mère : cousines du 3 au 3 :

Claude Joseph de Kermarec de Traurout (1715 - 1784).

1	1
5e enfant	8e enfant
Hippolyte de Kermarec	Léandre de Kermarec
1754 - 1840	1758 - 1839
2	2
Joseph de Kermarec	Caroline de Kermarec
Président à la cour de Rennes	fme Letourneur, notre gd'mère
1788 - 1845	1803 - 1876
3	3
Marie-Louise de Kermarec	Célestine Letourneur
1811 - 1879	fme Deschamps (1838 - 1877)

Longtemps après. vers 1905 (j'étais alors curé du Chefresne) j'allai passer quelques jours chez mon oncle Boivin, ancien secrétaire de la mairie de Cherbourg, retraité à Octeville. Je lui parlai de nos ancêtres de Kermarec, et il me dit : « Tiens ! je dois encore avoir la lettre de faire part du décès du grand-père de ma femme, je t'en enverrai la copie dès que je l'aurai retrouvée. » En effet, peu de temps après, je reçus copie du billet de faire part, copie qui plus tard a déterminé et dirigé toute mes recherches.

Vers le même temps, étant toujours curé du Chéfresne (Manche), je fus invité à assister aux fêtes des Quarante Heures à Ferrières, canton du Teilleul (Manche), où sont nés les enfants du troisième mariage de Léandre de Kermarec, notre bisaïeul. Le bon curé me donna pour coucher la chambre où étaient les registres paroissiaux. Et je passai une partie de la nuit à chercher et à trouver les actes de baptême de ma grand'mère, Caroline de Kermarec, de ses trois frères et de ses deux sœurs Le lendemain, j'allai visiter la maison de la Tertenais, où nos ancêtres avaient une propriété et où ils ont vécu longtemps.

Puis, je ne songeai plus aux de Kermarec que de temps en temps, regrettant de n'en pas savoir plus long et ayant toujours l'idée de faire un pèlerinage au berceau de mes ancêtres.

Au mois d'Avril 1920, un généalogiste de Paris, M. Fleurier, Boulevard Henri IV, 3, Paris, envoya un de ses employés à Saint-Hilaire-du-Harcouët, faire une enquête sur la famille de Kermarec, au sujet de l'héritage d'un membre de cette famille. J'ai su depuis qu'il s'agissait de M. Hippolyte Thomas de Mauduit du Plessis, ancien officier d'infanterie, non marié, mort le 28 du mois de Janvier 1920 au château de Kergadiou en Lanmeur (Finistère), neveu de Marie-Louise de Kermarec, dont nous venons de parler. Voici les généalogies comparées :

Claude Joseph de Kermarec (1715 - 1784)

1	1
5e enfant	8e enfant
Hippolyte de Kermarec	Léandre de Kermarec
2	2
Joseph de Kermarec Président à la cour de Rennes 1845	Caroline de Kermarec femme Letourneur 1803 - 1876

3	3
Pauline de Kermarec	Célestine Letourneur
épouse Adrien de Mauduit	femme Deschamps
morte en 1889	1838 - 1877
4	4
Hippolyte de Mauduit	Anatole Deschamps
1920	Ancien curé de Poilley
	né en 1860

Cela me rappela tous mes désirs de jeunesse d'être renseigné sur la famille de Kermarec. Mon neveu, Eloi Lacocquerie d'Antrain (I.-et-V.), me dit : « Vous pourriez vous adresser à un ami à moi qui s'occupe de généalogie. C'est M. de la Vieuville, demeurant à la Celle-en-Cogles, dont les parents sont partis d'Antrain. » Plusieurs lettres furent échangées avec M. de la Vieuville. Ce brave Monsieur prit la chose tout au sérieux, et me dressa un tableau de la descendance de Claude Joseph de Kermarec et de Françoise Bertho de la Cornilière. Et depuis, il m'a considérablement aidé dans mes recherches. Il me procura l'ouvrage de M. de la Messélière, "Recueil Généalogique", qui s'occupe de la famille de Kermarec. Bien plus, de fil en aiguille, j'en suis arrivé à faire connaissance avec M. de la Messélière, notre cousin du 4 au 5. Il m'a composé un splendide tableau, remontant à 64 de nos ancêtres communs et orné de 118 blasons coloriés. Et, depuis, il m'a donné bien des renseignements précieux, de sorte que le mérite de ces notes revient surtout à l'obligeance de M. de la Messélière. Je dois aussi une grande reconnaissance à M. de la Vieuville qui a été la cause première des succès de mes recherches.

Je suis allé voir Monsieur de la Messélière le 4 et le 5 Octobre 1920 et j'ai fait l'acquisition de son splendide ouvrage. Monsieur le Vicomte de la Messélière demeure à St-Brieuc, rue de Brest, 19. Il avait invité Mr de la Vieuville avec moi. Le lundi 4, nous avons visité la ville de Saint-Brieuc. Le mardi 5, j'ai été heureux de faire, avec mon cousin, le pèlerinage de la Demi-Ville (actuellement en Trégomeur (C.-d.-N.), où sont nés plusieurs de nos ancêtres. Le lendemain je visitai Lamballe, les châteaux de la Cornilière et de Trémillac en Maroué, près Lamballe, dont il est souvent question dans la généalogie des Bertho, alliés aux de Kermarec.

Voici le tableau généalogique qui établit notre parenté entre M. de la Messélière et nous.

Claude Joseph de Kermarec de Traurout 1715-1784

1 Louise Gabrielle de Kermarec 1750-1786 épouse J.-B. de Lorgeril, 1777	1 Léandre de Kermarec 1758 - 1839 ép. en 1801 Franç. Bohineust
2 Louis François de Lorgeril 1778 - 1842	2 Caroline de Kermarec 1803 - 1876 ép. J. F. Letourneur (1825)
3 Pauline de Lorgeril 1808 - 1887 ép. en 1840 Joseph de Chalus	3 Celestine Letourneur 1838 - 1877 ép. en 1856 Amand Deschamps
4 Louise Anne Marie de Chalus 1844 - 1905 ép. en 1872 Paul Frotier de la Messélière	4 Amandine Deschamps ép. en 1881 E. Lacocquerie. — Anatole Deschamps ancien curé de Poilley
5 Henri de la Messélière (1876) auteur du Recueil Généalogique.	5 Eloi Lacocquerie né en 1882 marié en 1913

Enfin, le 18 Janvier 1921, je recevais de notre cousin M. Ivan Carof un bon nombre de papiers de famille intéressants. Il les tenait d'un oncle, le dernier des Kermarec, Alexandre Marie, (1831-1904), né à Rennes, lequel eut pour parrain un des frères de notre bisaïeul, Jean-Baptiste Félicité de Kermarec qui est mort à Rennes le 28 Mars 1837. Félicité de Kermarec a laissé la plus grande partie de sa fortune à son filleul ainsi que ses papiers de famille. J'y ferai de fréquents emprunts dans ces notes.

Je dédie ce modeste travail, plus spécialement à ma sœur, à mes neveux et nièces, à mes cousins et cousines descendants de notre grand'mère Caroline de Kermarec, femme Letourneur. Ils ignorent presque tout de leurs ancêtres et plusieurs m'ont demandé des renseignements. Tous nous occupons une situation modeste, mais descendons cependant d'une très ancienne famille de Bretagne.

Torigni, le 7 février 1923.

A. DESCHAMPS

Ancien curé de Poilley
Aumônier de l'hospice de Torigni
(Manche)

AVANT-PROPOS

Le mot Ker Marec, en breton, veut dire Maison du chevalier.

La terre de nom des de Kermarec est en Buhulien. Il y a encore à Buhulien (C-d-N) sur les bords du Guer, un village qui a nom Kermarec. C'était avant la révolution, parait-il, la résidence des anciens Evêques de Tréguier. Sur les ruines de l'ancienne villa des Evêques, on a bâti une ferme avec ses dépendances vers 1850, aujourd' hui habitée par les propriétaires. Kermarec est tout proche de la gare de Lannion ; deux petits kilomètres, sur la route de Lannion à Guingamp, à côté d' un petit calvaire. A Kermarec, il n'y a pas de village, il n'y a que la ferme assez importante. - L'église de Buhulien est à cinq kilomètres de la ville de Lannion.

Voici une pièce très ancienne qui prouve que les de Kermarec sont originaires du village dont nous parlons :

Kermarec (de) seigneur du dit lieu, paroisse de Buhulien, de Kermodez, paroisse de Pleumeur-Bodon ; de Traouverin, paroisse de Trébeurden ; de Lezoudec ; de Traurout, paroisse de Langoat ; de Prémorvan, de Kériziou ; des Tronchais, paroisse de Morieux ; de Bonne Maison, paroisse de Château-bourg.

Anc. extr. réf. 1669 — réf. et montres de 1427 à 1543.

Il y eut au XVe siècle un évêque de Tréguier du nom de Kermarec. (le 38e évêque.)

D'après les "Etudes sur les Villes de Bretagne p. 411 par l' abbé H.Onfroy-Kermoal-Quin", ce fut en 1417, que Chrétien de Kermarec, natif de Buhulien, près Lannion, docteur en théologie, devint évêque de Tréguier. «Ce prélat fut honoré de la confiance de Jeanne de France, épouse de Jean V. Cette princesse, qui avait assemblé les Etats au sujet de la trahison des Penthièvre, envoya l'évêque de Tréguier, d'abord près le Dauphin de France, pour lui demander secours contre les traîtres et ensuite vers le duc de Bourgogne. Jeanne ignorait sans doute que les Penthièvre avaient agi au nom même du Dauphin, qui leur avait écrit des lettres pleines de belles promesses, s'ils parvenaient à s'emparer du duc de Bretagne. L'évêque fut pris et arrêté à Saumur par Jean de Blois, et emmené prisonnier dans le Poitou, d'où il ne fut délivré que pour mourir tôt après. Les registres consistoriaux mettent sa mort en 1422. Albert-le-Grand le fait mourir cinq ans plus tôt, et lui donne pour successeur en 1417, Mathias du Cosker, religieux des ermites de Saint-Augustin du couvent de Lannion. Le blason de Mgr de Kermarrec est le même que celui de la branche de Traurout.

Généalogie de la Famille de KERMAREC

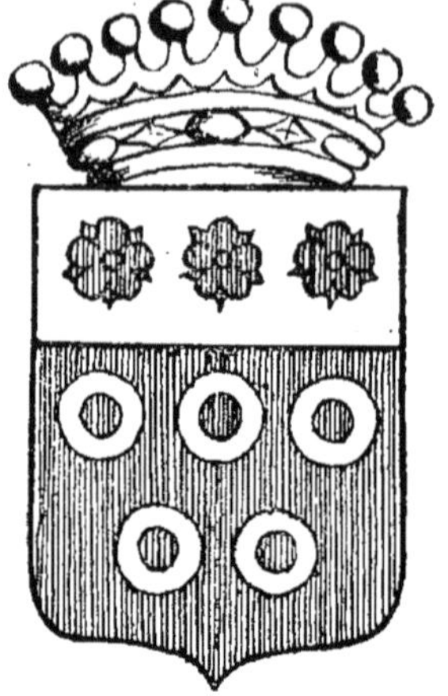

Les de KERMAREC portent : De gueules aux 5 annelets d'argent 3, 2 ; au chef d'argent chargé de 3 roses de gueules.

Hugues de Kermarec. Fait partie de l'armée de Saint-Louis à la 7e croisade 1248. (Chartes latines du cabinet Courtois). Il existe de lui un acte par lequel il a nolisé un navire à Chypre pour rentrer en France.

Guillaume de Kermarec, capitaine de Guingamp, en 1387. (Hist. de Bretagne par Dom Lombineau liv. XIII. 463).

Tugdual de Kermarec fait partie de l'armée du Dauphin en 1421. (Hist. de Bretagne 11. 980).

I.

. . . . de Kermarec, seigneur de Kermodest . . . 1387 (?)

II.

Roland de Kermarec de Traurout, 2e fils du précédent 1427.

III.

Jean 1er de Kermarec, écuyer, épousa Marie Hingant vers 1500.

IV.

Guillaume de Kermarec, seigneur de Traurout (1526) épousa Marie de Kérosmar.

V.

François de Kermarec épousa Jacquette Carantez 1555.

VI.

Jacques de Kermarec épousa Aliette Michel 1576.

VII Guillaume II de Kermarec, Sgr. de Traurout en 1595.	Françoise de Plusquellec, fille de Yves, Sgr. de Launay en Langoat (C.-d.-N.) et de Anne Legeandre.	Guillaume de Lanloup, fils de Yves, Sgr. de Lanloup, et de Perronnelle Botherel de Quintin.	Françoise du Perrier, dont le portrait se voit encore ainsi que celui de son mari (1923) dans l'église de Lanloup, (C.-d.-N.).	Olivier de Triac, écuyer, Sgr. de Préby et de la Demi-Ville, + avant le 26 juillet 1629, fils de Gilles, + avant le 20 juillet 1599 et de Anne Gillette Le Gascouing.	Perronnelle de Lanloup, dame de la Demi-Ville en Plélo (C.-d.-N.), née en 1602, fille de Jean, chevalier de Saint Michel, Sgr. de la Demi-Ville, + le 18 mars 1619 et de Claude Bizien, mariée vers 1600.	Charles, sire de Perrien en Laurodec (C.-d.-N.) chevalier de Saint-Michel en 1626, fils de Marc et de Françoise de Clisson, mariée en 1589.	Anne de Kergroadez, mariée le 18 avril 1621, fille de François, baron de Kergroadez, chevalier de Saint-Michel, + 1617 et de Gillette de Quelen de Guernisac en Taulé (Finistère), mariée le 3 juin 1599.

VIII Jean II de Kermarec, écuyer seigneur de Traurout, mort avant le 12 Mai 1657.	Perronnelle de Lanloup, mariée le 17 août 1627. morte en 1657.	François de Triac, écuyer, Sgr. de Préby, en Hillion, la Demi-Ville en Plélo (C.-d-N.) etc. mineur en 1629, sous la tutelle de Fr[ois] Bérard, écuyer, Sgr. du Frost.	Gillette de Perrien, mariée vers 1648.

IX Jean III de Kermarec, écuyer, Seigneur de Traurout, né vers 1629, maintenu noble, en Bretagne,	Anne de Triac, dame du Préby et de la Demi-Ville, née à la Demi-Ville, en Plélo (C.-d.-N.), baptisée à Trégomeur, le 22 juin 1650, mariée dans la chapelle du château de Saint-Bihy en Plélo (C.-d.-N.), le 14 Nov. 1671, nièce du 3 au 4, à la mode de Bretagne, de son mari.

X Claude-Joseph 1er de Kermarec, chevalier, seigneur de Traurout et de la Demi-Ville, né à la Demi-Ville, le 13 février 1684. Ondoyé, nommé à Plélo, le 10 mai 1686.

XI Claude-Joseph II-François de Kermarec, dit le Comte de Traurout, chevalier, seigneur de Traurout, la Dei inhumé à Trégomeur (C.-d.-N.), épouse, à Maroué, près morte à Rennes,

<table>
<tr>
<td>ea-
18
de
de
va-
iel,
ette
er-
nis-
nin</td>
<td>Claude Le Picart, écuyer, Sgr. de la Fosse-Davy et des Tronchays, fils de Alain, écuyer, alloué de Lamballe et de Jeanne Quérandez, dame des Tronchays, en Morieux (C.-d-N.) mariée le 28 avril 1592.</td>
<td>Marguerite de Bu-des du Tertre-Jouan, mariée en 1623, fille de Jean, écuyer, Sgr. du Tertre en Plouflugran etc. chevalier de St-Michel en 1611 et de Loüise de Gourvinec du Brézit, mariée le 31 août 1596.</td>
<td>Olivier Jégou, né en 1578, fils de Guillaume Jégou, écuyer, Sgr. de Kervilio etc; capitaine de 50 arquebusiers à cheval, en 1595, + en 1600, et de Louise de Caméru.</td>
<td>Louise Estienne, dame de St-Arnauff etc. mariée vers 1600, fille de Pierre Estienne, écuyer, Sgr. de St-Arnauff en Paule, (C.-d.-N.) et de Marguerite de Kersaudy.</td>
<td>Hervé Boschier, écuyer, Sgr. de la Ville-Haslé en Hénanbihen (C.-d.-N.) fils de Henri, Sgr. d'Ourxinié en Meslin (C.-d.-N.) et de Jacquemine Lion, mariée en 1615.</td>
<td>Hélène de Bréhant mariée en déc. 1635, fille de Louis, chevalier, Sgr. de Galinée en St-Pôtin (C.-d-N.) chevalier de Saint-Michel, maréchal de camp + 1633 et de Catherine Huby de Kerlosquet, mariée le 30 décembre 1599 + le 3 oct. 1645.</td>
<td>Jean Tranchant, écuyer, Sgr. du Tret en Saint-Germain de la Mer (C.-d.-N.) conseiller au présidial de Rennes, fils de Claude, écuyer, Sgr. du Vau-Gouellou, + av. le 15 mai 1652 et de Michelle de la Chapelle des Froides - Fontaines, mariée le 4 fév. 1895, + avant le 15 mai 1652.</td>
<td>Rénée Lemarchand, dame de la Gauteraye, mariée à Fougères, le 20 juin 1636, fille de noble homme Jean, Sgr. de la Rebourcière + à Fougères, le 19 août 1641 et de Perrine Nouail-des-Briottes, mariée à Vitré, le 7 janvier 1616, + à Fougères, le 28 déc. 1639.</td>
</tr>
<tr>
<td></td>
<td colspan="2">Jean-Baptiste Le Picart,
écuyer, Seigneur de la Fosse-Davy
et des Tronchays.</td>
<td colspan="2">Anne Jégou de Kervilio,
née le 14 décembre 1620,
mariée en 1654.</td>
<td colspan="2">Claude Boschier, écuyer,
Sgr. de la Ville-Haslé en
Hénanbihen, Ourxigné en Meslin
et la Ville-Chapelé.</td>
<td colspan="2">Françoise Tranchant
du Tret,
mariée en 1661.</td>
</tr>
<tr>
<td></td>
<td colspan="4">Gilles Le Picart, écuyer, seigneur des Tronchays en Morieux,
(C.-d.-N.) maintenu noble en Bretagne,
le 5 février 1669.</td>
<td colspan="4">Anne Boschier de la Ville-Haslé,
mariée à Lamballe, (C.-d.-N.),
le 30 décembre 1688.</td>
</tr>
<tr>
<td></td>
<td colspan="8">Claude-Françoise-Pétronille Le Picart, dame des Tronchays, mariée à Saint-Jean-de-Lamballe,
le 14 avril 1711.</td>
</tr>
</table>

Demi-Ville, les Tronchays et autres lieux, né le 6 avril 1715 et mort à la Demi-Ville, en août 1784,
ès Lamballe, le 8 mai 1742, Françoise Bertho de la Cornilière,
es, le 29 mai 1807.

XII.

Léandre de Kermarec épouse Françoise Bohineust (1801).

XIII.

Caroline de Kermarec épouse à Domfront Jean-François Letourneur (1825).

XIV.

Célestine Letourneur épouse à Saint-Hilaire-du-Harcouët, Amand Deschamps.

XV.

1°
Amandine Deschamps épouse aux Loges-Marchis (1881) Eloi Lacocquerie, négociant à Antrain (I.-et-V.)

2°
Anatole Deschamps, ordonné prêtre en 1883, ancien curé de Poilley.

XVI.

Eloi Lacocquerie épouse à Saint-Ouen-de-la-Rouaïrie, (Ille-et-Vilaine), Blanche Galodé (1913).

XVII.

Eloi Lacocquerie. - Jean Lacocquerie. - Blanche Lacocquerie
Antrain (1914). Antrain (1915). Rennes (1918).

N. B. — Chacun pourra compléter la généalogie de sa famille sur les deux pages blanches que nous laissons disponibles.

Filiation suivie de la Famille de KERMAREC

depuis 1387 jusqu'à nos jours.

Nous lisons dans l'ouvrage de M. de la Messélière : **Recueil généalogique :**

« La Famille de Kermarec dont nous rapporterons la généalogie, semble tirer son origine du pays de Tréguier, où on la trouve représentée dès le XIVe siècle par Guillaume de Kermarec, capitaine de Guingamp en 1387. Monsieur Potier de Courcy cite dans son Armorial de Bretagne, trois familles du même nom, portant des armes différentes, toutes trois de l'Evêché de Tréguier et qui ont vraisemblablement une origine commune. La filiation suivie des Seigneurs de Kermodest et de Traurout a été prouvée par titres, devant les commissions de la Réformation de la Noblesse de Bretagne, le 17 Juin 1669, depuis la fin du XIVe siècle. »

Branche des Seigneurs de Kermodest

I.

« . . . . de Kermarec (peut être le même que Guillaume de Kermarec, capitaine de Guingamp en 1387, ou son fils) ; seigneur de Kermodest (Plœmeur-Bodon, C.-d.-N.) eut pour fils, d'après les preuves de 1669 : 1° Alain, 2° Rolland dont la postérité a formé la branche des seigneurs de Traurout. »

Plœmeur-Bodon est une commune de 3099 hab. au doyenné de Perros-Guirec, archiprêtré de Tréguier.

Branche des Seigneurs de Traurout

II.

De Monsieur de la Messélière :

« **Rolland de Kermarec,** frère puîné d'Alain, seigneur de Kermodest était noble, de la paroisse de Plœmeur-Bodon, en 1427 ?. Il eut pour fils Jean.

III.

Jean Ier **de Kermarec,** écuyer, épousa vers 1500, d'après, le Nobiliaire manuscrit de Bretagne et la réformation de 1669, Marie Hingant, de la maison et des Seigneurs de Kerizac, en Plouizy (C.-d.-N.) près Guingamp et de Kerduel en Plœmeur-Bodon. Il eut pour fils Guillaume.

IV.

Guillaume de Kermarec, seigneur de Traurout en Langoat, par acquit du pénultième-jour de l'an 1526, transigeait (Pr. de 1669) le 6 Mai 1550 avec Gilles de Kermarec, seigneur de Kermodest, son oncle à la mode de Bretagne, au sujet d'une rente de 7 livres à lui dûe par le dit seigneur de Kermodest, à cause de la succession de Rolland de Kermarec. (Ce Gilles de Kermarec était le fils de Allain dont il vient d'être question)

La terre de Traourout fut acquise par Guillaume de Kermarec par contrat du pénultième jour de Juin 1526 avec Robert Lézormel. Guillaume de Kermarec eut pour femme Marie de Kérosmar, dont il eut au moins un fils François et une fille Jeanne de Kermarec. »

Langoat est une paroisse de 1751 habitants au doyenné de Tréguier (Côtes-du-Nord). Traourout est un petit manoir à tourelle, assez bien conservé, à 8 kilomètres de Tréguier. Mais le titre de comte de Traurout tenait plus à la situation de conseiller au Parlement de Bretagne qu'à l'importance de cette seigneurie.

Le recteur de Langoat, Monsieur l'abbé Yves Geffroy, prêtre âgé alors de 58 ans, répondit à une lettre de moi, le 4 Octobre 1922.

Monsieur l'aumônier,

Il existe en effet, à Langoat, à moins de 2 kilomètres du bourg, une antique gentilhommière du nom de Traourout. Site assez intéressant ; bonnes terres bien plantées et bien cultivées par les propriétaires, de bien braves gens. Langoat est à 6 kilomètres de Tréguier. Il faudra venir et je me ferai un plaisir de vous accompagner jusqu'à Traourout.

Le vendredi 13 Octobre 1922, j'arrivais de Guingamp à Tréguier à midi 25.

Après diner, je louai une automobile pour me conduire à Langoat, puis au manoir de Traourout. Monsieur le recteur m'attendait et me reçut, comme si nous avions été de vieux camarades de collège. Après avoir visité l'église, très propre, mais toute moderne, nous fûmes transportés en quelques minutes à Traourout. Personne sur notre route, n'eut l'air de se douter que l'automobile transportait un descendant des Kermarec, seigneur de Traourout. Une haute barrière en bois, ajourée, à double panneau, donne entrée dans la propriété. Une cour sépare la maison d'habitation des communs. Au fond, une claire fontaine, plus près, un petit étang desséché. Le côté *est* de l'habitation, côté par lequel nous entrons, a conservé son cachet d'antiquité. La tourelle qui contient un large escalier en pierre est manifestement du XVIe siècle, comme aussi deux ouvertures de portes à l'unique premier étage. Nous fûmes très bien reçus par les propriétaires M. et Mme François Gouriou, dignes septuagénaires, que M. le Recteur avait prévenus de notre visite. La patronne, née Catherine Giégout, me dit que la propriété avait été achetée par sa grand'mère ; mais elle est considérablement moindre qu'autrefois. La façade principale, côté *ouest*, a cinq fenêtres au premier étage dont une plus grande, et quatre fenêtres au-rez de chaussée encadrant la porte d'entrée. Le jardin légumier est en face de l'habitation, mais autrefois il était à gauche (si l'on fait face à la maison). C'est actuellement un plant de beaux et jeunes pommiers. Au-dessus de la porte d'entrée, on voit la date 1836, signe évident qu'au moins cette partie a été reconstruite. J'ai remarqué, encastrée dans le mur, une pierre de granit sculptée, représentant la figure horriblement crispée d'une personne à l'agonie. Des arbres séculaires entourent la propriété. Une petite rivière coule à l'ombre du feuillage. Monsieur Gouriou y pêche la truite. L'ensemble conserve un air de douce tranquillité. Contrairement à ce que nous avons vu en Normandie, l'automne 1922, la récolte de pommes est abondante aux environs de Tréguier. - Il fallut rentrer à la maison et constater que le cidre de Traourout est excellent, mais fort et coloré. Il fut accompagné d'un petit verre de rhum. M. le Recteur et ces braves gens échangèrent dans la langue de nos ancêtres, c'est-à-dire en Breton, leurs impressions ; et je partis emportant avec une poire et quelques pommes, un sentiment délicieux de mon pèlerinage. Rentré de bonne heure à Tréguier, j'eus le temps de visiter la petite ville, d'admirer la cathédrale où l'un nos grands oncles (au moins à la mode de Bretagne) Mgr. Chrétien de Kermarec officiait pontificalement, et où, modeste aumônier d'hospice, je dis la Sainte Messe au tombeau de Saint-Yves, le lendemain samedi 14 Octobre.

En passant par Saint-Brieuc, vers 10 heures du matin, j'eus le temps de faire, entre deux trains, visite à Madame et à Monsieur de la Messélière. Je pus considérer à l'aise sur la gauche, avant d'arriver à la gare de Lamballe, le château de la Cornilière, lieu de naissance de nos ancêtres maternels, et j'arrivai de bonne heure dans la soirée, dans ma famille à Antrain (I.-et-V.).

Guillaume de Kermarec, continue M. de la Messélière, « eut au moins un fils, François, qui suit » et une fille Jeanne de Kermarec.

V.

« **François de Kermarec,** écuyer seigneur de Traourout, convaincu ainsi que sa sœur Jeanne, de s'être livré au commerce et avoir usé de bourse commune en la paroisse de Langoat, renonça au *trafficq* de marchandises par déclaration (Pr. 1669) du 11 Mars 1555, afin de conserver les privilèges attachés à la noblesse, et prouva qu'il avait toujours pris la qualité de noble. Il épousa : Jacquette Carantez ou de Carante : 2° Barbe de Kernec'ham. François avait eu de son premier mariage un fils unique :

VI.

Jacques de Kermarec, écuyer, seigneur de Traourout, transigeait (Preuves 1669) avec Barbe de Kernec'ham, douairière de Traourout, seconde femme de son père, le 4 Juillet 1576, au sujet de l'habitation de la dite dame dans la maison principale de Traourout. Il épousa Aliette Michel dont : 1°

VII.

Guillaume II de Kermarec, écuyer, seigneur de Traourout, épousa 1° Françoise de Plœsquellec, ou de Plusquellec, de la maison du Bois-Riou, en Trévon-Tréguinec (C.-d.-N.) près de Tréguier, fille de feu Yves de Plœsquellec, écuyer, seigneur de Launay (Langoat C.-d.-N.) et d'Anne Le Geandre. »

Guillaume de Kermarec épousa en secondes noces : Catherine du Tertre.

Du premier lit, il eut :

VIII.

Jean II de Kermarec, écuyer, seigneur de Traurout. Il épousa par contrat (Pr. 1669) du 17 Août 1627, Péronnelle de Lanloup, fille puînée de noble Guillaume de Lanloup, seigneur de Lanloup, et de Françoise du Périer ou du Poirier. »

Généalogie des de Lanloup

1° Roland 1er, sire de Lanloup en 1226; 2° Guillaume 1er, sire de Lanloup; 3° Jean 1er, sire de Lanloup; 4° Rolland de Lanloup épouse Mélogant Botherel; 5° Jean II de Lanloup épouse Aliette de la Haye; 6° Guillaume II de Lanloup épouse Jeanne de la Lande; 7° Jean III, sire de Lanloup, épouse Jeanne de Botbarré; 8° Yves de Lanloup, écuyer, seigneur de Lanloup épouse Péronnelle Botherel de Quintin.

9° Guillaume III de Lanloup épouse Françoise du Périer dont : Péronnelle de Lanloup.

10° Péronnelle de Lanloup épouse Jean de Kermarec comme nous venons de le dire.

Lanloup est une paroisse de 444 habitants au canton de Plouha (C.-d.-N.)

Lors du voyage que j'ai fait en Bretagne en 1922, je suis allé à Lanloup, le lundi 9 octobre. La distance de Plouha (C.-d.-N.) est de cinq kilomètres. Le vieux manoir des de Lanloup est à 150 mètres de la route. Une avenue de châtaigniers y conduit. L'extérieur de la maison et de la ferme y attenant, le puits, sont tels qu'ils existaient autrefois, Les armoiries des de Lanloup : *d'azur aux 6 annelets d'argent 3. 2. 1*, sont toujours au-dessus de la porte d'entrée. Le nouveau propriétaire a fait construire un pavillon, en forme de tourelle, qui donne fort bel air au château. Il appartient actuellement à M. Ropartz, directeur du conservatoire de Strasbourg, qui est rarement à Lanloup. Melle Ropartz m'aperçut, considérant la façade de l'habitation, et m'invita grâcieusement à entrer. Mais je remerciai lorsqu'elle m'eût dit que tous les appartements étaient complètement modifiés. Un sentier conduit en trois minutes à la petite bourgade. L'église du XVIe siècle que je visitai, en compagnie du recteur, Monsieur l'abbé Guézou, est très curieuse, à cause de son clocher, de ses vieilles statues et de ses antiquités. Au-dessus du porche d'entrée se voient les armes des de Lanloup soutenues par deux lions grimpants.

A l'intéreur de l'église, dans la chapelle de droite, on voit un tableau du Christ crucifié, entouré de plusieurs personnages, parmi lesquels Guillaume de Lanloup et son épouse Françoise du Périer, qui vivaient dans la seconde moitié du seizième siècle. (Huit générations me séparent de ces vénérables ancêtres). Le tableau en question mesure 1^{m}30 de hauteur sur 1^{m} 70 de longueur. Guillaume de Lanloup est agenouillé sur un prie-Dieu portant les armes de sa famille. Il a la barbe blonde, les mains jointes et paraît avoir dans les 35 à 40 ans. Il a le costume et la collerette Henri IV du 16e. Françoise du Périer (30 à 35 ans) est elle aussi agenouillée sur un prie-Dieu de même style, portant les armes de sa famille : *d'azur aux dix billettes d'or posées 4.3 2.1* - Elle a les mains jointes tenant un chapelet. Elle porte, autour du cou et atteignant les épaules, un plastron de fine toile et, sur la tête la coiffure genre Catherine de Médicis. Un religieux franciscain se tient à deux pas derrière elle portant le costume actuel de l'ordre. Je n'ai pu me rendre bien compte de la couleur des vêtements, car la peinture est plutôt foncée.

La nuit commençait à paraître. Monsieur le recteur ne voulut pas me laisser retourner à Plouha. J'acceptai donc son aimable hospitalité et j'eus le bonheur, le lendemain, de dire la Sainte Messe en cette charmante petite église, où mes ancêtres venaient souvent prier et dont ils furent certainement les bienfaiteurs.

Péronnelle de Lanloup était veuve le 12 Mai 1657, et avait à cette époque, la curatelle (Preuves de 1669) de ses enfants qui étaient au nombre de quatre. L'aîné

IX.

Jean III de Kermarec,

grand-pere du grand-père de notre grand'mère

« écuyer, dit M. de la Messélière, seigneur de Trauroul en Langoat, né vers 1629, fut maintenu noble avec sa mère, ses frères et sa sœur, par arrêt de la Réformation de Bretagne du 17 Juin sur preuves du 29 Avril 1669 (M. Malescot rapporteur). Il épousa dans la chapelle du château de Saint-Bihy, en Plélo, le 14 Nov. 1671, après dispense de deux bans, demoiselle Anne de Triac, dame du Préby, héritière de la Demi-Ville en Plélo (C.-d.-N.) (en Trégomeur depuis 1850) sa nièce à la mode de Bretagne du 3e au 4e degré, baptisée à Trégomeur (C.-d.-N.) le 22 Juin 1650 :

Yves de Lanloup

1	1
Guillaume de Lanloup.	Jean de Lanloup.
2	2
Péronelle de Lanloup f. de J. II de Kermarec.	Péronelle de Lanloup épouse Olivier de Triac
3	3
Jean III de Kermarec tuteur et époux	François de Triac
	4
de	Anne de Triac mariée le 14 Nov. 1671.

«Du mariage Jean de Kermarec et Anne de Triac sont nés au moins huit enfants, dont le sixième fut :

X.

Claude Joseph Ier de Kermarec,

père du grand-père de notre grand'mère

Ecuyer, puis chevalier, seigneur de la Demi-Ville et de Traurout, né à la Demi-Ville et ondoyé à Plélo, le 13 Février 1684, fut nommé à Plélo, le 10 Mai 1686. Il épousa le 14 Avril 1711, âgé de 27 ans, à Saint-Jean de Lamballe (C.-d.-N.) Claude-Françoise Pétronille Le Picart, fille de Gilles Le Picart, écuyer, seigneur des Tronchays en Morieux (C.-d.-N.) et d'Anne Boschier de la Ville-Haslé. De ce mariage sont nés cinq enfants dont le quatrième fut Claude Joseph II de Kermarec ».

De Gilles Le Picart des Tronchays dont nous venons de parler le quatrain suivant (1652) :

Lamballe a veu finir et commencer ma vie.
Car mon sort rencontra plus de mal que de bien.
J'y eus ces deux au moins dont elle fut suivie :
De naître gentilhomme et de mourir chrétien.

La "Demi-Ville" fut le berceau de presque tous les enfants de Kermarec Bertho de la Cornilière, dont nous allons bientôt parler. C'est un manoir ferme avec chapelle, assemblage considérable de bâtisses sans style bien déterminé, dont un vieux bâtiment pouvant remonter au XVIe siècle, forme le noyau. Une assez grande construction y attenante porte la date 1723. Cette habitation fut abandonnée pour le château de La Balluère, en Broons-sur-Vilaine, propriété de dame Françoise Bertho de la Cornillière, (Canton de Châteaubourg) (Ille-et-Villaine), plus près de Rennes et plus confortable.

Le mardi 5 Octobre 1920, je suis allé en compagnie de Monsieur de la Messélière, faire un pélerinage à Trégomeur, où nos ancêtres allaient aux offices et où plusieurs sont inhumés. Ensuite nous sommes allés à la Demi-Ville, ferme presque croulante. Les fermiers actuels s'appellent Burel et nous ont parfaitement reçus. A très peu de distance de la Demi-Ville, il y a un étang. L'habitation est laissée pour de longues années, quitte de tous fermages aux tenanciers qui l'occupent. Il est à croire que les propriétaire n'y seront pas pressés d'y faire des réparations. C'est donc la ruine complète et à brève échéance.

HISTOIRE D'UN PORTRAIT

Marie-Julie-Amélie-Emmanuelle de Kermarec de Traurout, cousine issue de germaine de notre mère, née à Rennes, le 25 Décembre 1811, morte vers 1871 et qui avait épousé Auguste Magon de la Vieuville, était héritière du chef de son père, du manoir de la Demi-Ville, que ses héritiers ont vendu en 1871, pour payer les droits de succession après les décès d'Auguste et d'Amaury de la Vieuville, morts en Décembre 1870, à la guerre. « On y avait laissé, dit M. de la Messélière, tout ce qui s'y trouvait, même deux portraits d'un seigneur et d'une dame de Traurout. Ce dernier a disparu quelques années avant 1904, détruit par les fermiers de l'ancien manoir qui s'amusaient à le placer comme cible dans leurs grossiers jeux d'adresse. Le portrait de l'homme qui avait échappé à leur vandalisme existait encore en 1904 à la Demi-Ville, où nous l'avons dessiné. Bien que fort endommagé par le temps et l'humidité, il serait encore susceptible de restauration. Il était placé, lorsque nous l'avons vu, sur le manteau d'une cheminée au rez-de-chaussée et monté sur un panneau de bois. Il est connu sous le nom de Monsieur de Traurout et représente croyons-nous, Claude-Joseph de Kermarec, marié en 1711 à Claude-Françoise Pétronille Le Picart des Tronchays.»

J'ai vu le portrait de Monsieur de Traurout lors de mon voyage à la Demi-Ville, le 5 Octobre 1920. Monsieur de la Messélière m'écrivait vers le 20 Novembre suivant qu'il était en pourparlers avec le propriétaire pour acheter ce portrait et qu'il en offrait cinquante francs. Le 21 Décembre suivant je recevais une nouvelle lettre : « Monsieur de Traurout n'attendait que la visite de ses descendants pour quitter la Demi-Ville. Le Docteur Lucas, 1, rue Volney à Rennes, y est venu avec son Notaire, a pris la peinture, et l'a emportée à Rennes, puis à Paris, où notre ancêtre a dû devenir la proie de quelque antiquaire et fera un aïeul à quelque nouveau riche sans vergogne. Mes offres pour l'avoir sont demeurées sans réponse; je suis arrivé trop tard sans doute. Je ne puis donc, à mon grand regret, vous envoyer que la reproduction du décalque fait sur l'original en 1904 ; il vous en donnera au moins les traits, sinon la physionomie absolument exacte, le trait ne restituant pas bien l'impression de la peinture. Vous aurez eu du moins la consolation de le voir en sa place primitive, en ce vieux manoir croulant, où son image a dû présider aux ébats de ses enfants et petits enfants, pendant les longues soirées autour de l'âtre de cette gentilhommière si retirée au fond du pays de Goëllo. »

L'Abbé Deschamps possède un dessin assez ressemblant exécuté sur le décalque en question.

Monsieur Lucas est mort en 1922 ou 1923.

XI.

Claude Joseph II de Kermarec,

grand-père de notre grand'mère

« Chevalier, dit M. de la Messélière, seigneur de Traurout, la Demi-Ville et les Tronchays, dit le comte de Traurout, naquit à la Demi-Ville et fut baptisé à Plélo le 6 Avril 1715. Il fut reçu conseiller au Parlement de Bretagne en 1741, « âgé de vingt six ans ». « Il mourut en Août 1784., » âgé de 69 ans, « et fut inhumé à Trégomeur, près de la Demi-Ville (C.-d.-N.) sous une pierre tombale qui sert aujourd'hui d'échalier à l'entrée occidentale du cimetière et sur laquelle est sculpté en relief un écusson aux armes de Lanloup : 6 annelets 3, 2, 1. Il avait épousé à Maroué, près Lamballe, le 8 mai 1742, Françoise Marie Charlotte Bertho de la Cornilière, sa cousine du 3 au 3, dame de la Cornilière en Maroué, de la Forière en Andel (C.-d.-N.) et de la Balluère en Broons-sur-Vilaine (Ille-et-Vilaine), née à la Cornilière le 6 Août 1724, fille aînée de François Mathurin Bertho, chevalier, seigneur de la Cornilière et de la Forière, et de Pélagie Esther Martin de la Balluère », dans sa dix-huitième année.

Jean-Baptiste Le Picart des Tronchays

1	1
Gilles Le Picart vivait en 1669	Louise P. Le Picart, mariée le 8 Janvier 1686 à L. Bertho.
2	2
Claude Françoise Le Picart, mariée à Claude Joseph 1er de Kermarec en 1711	François Mathurin Bertho mort vers le 2 Janvier 1742
3	3
Claude Joseph II de Kermarec, marié le 8 Mai 1742.	époux de : Francoise Marie Bertho de la Cornilière.

Généalogie BERTHO

ARMOIRIES : D'or à l'épervier, longé, grilleté, la tête contournée, accompagné de 3 molettes à 5 rais : 2, 1. Le tout de sable.

De Monsieur de la Messélière : « La famille Bertho pourrait bien avoir pour auteur un Bertho dont le prénom nous est inconnu, mais dont le tombeau se trouve ainsi que celui de sa femme, dans le bas côté nord de l'église collégiale de Notre-Dame de Lamballe. Sur le premier de ces tombeaux est couché un chevalier, sculpté en demi-relief, la tête nue appuyée sur un coussin, l'épée au fourreau, les mains jointes, les pieds posés sur un lion : à sa ceinture pend un écu triangulaire, dont le blason, bien que mutilé, porte encore les traces d'un oiseau, la tête contournée, accompagné de trois molettes à cinq rais, qui semblent bien être les armoiries des Bertho. - La dame, enveloppée dans un ample manteau, a aussi les mains jointes et la tête reposant sur un coussin; elle est accostée, à hauteur de la taille de deux écussons, parti : au 1er, les mêmes armoiries que sur l'écu du chevalier, au 2e, trois bandes. Les détails de l'armure de la première effigie et le costume de la dame, ainsi que l'encadrement à feuillages en forme de dais qui entoure les coussins sur lesquels reposent les têtes des personnages, semblent faire remonter la date de ces pierres tombales jusqu'au milieu du XIVe siècle.

1° Branche de Beaulieu

I.

Jean Bertho, noble de la paroisse Saint-Martin de Lamballe en 1440, épousa Jacquette Gloris, dont :

II.

(1er enfant) **Jean II Bertho,** écuyer,seigneur de Beaulieu, en 1480, épouse Marie Jocel. Ils étaient morts avant le 7 Octobre 1538. Dont :

III.

(1er enfant) **Jean III Bertho,** écuyer, seigneur de Beaulieu, mort ainsi que sa femme, avant le 6 Janvier 1573, avait épousé, par contrat du 6 Janvier 1506, Isabeau Le Crouezé, de la maison du Rochay en Goëllo, veuve d'écuyer Jacques du Boishardy, dont il eut 1° Alain et

2° Branche de Trémiliac, en Maroué.

IV

(2e enfant) **Jean Bertho,** chef de la branche de Trémilis ou Trémiliac en Maroué, fut partagé noblement le 8 Septembre 1573. Il épousa 1° Catherine Rouxel; 2° Françoise des Déserts. Il eut pour enfant du 2e lit :

3° Branche de la Cornilière

V.

Julien Bertho, écuyer, seigneur de Licantois. Il épousa en 1604, Guyonne ou Julienne de Couespelle, dont il eut deux enfants :

VI.

(*L'aîné*) Messire **Jacques Bertho**, écuyer, seigneur de la Forière (Andel C.-d.-N.) Licantouez et de la Cornilière (Maroué C.-d.-N.), épousa en 1638, Marie de Bruc, Veuve et héritière de Jean du Rufflay, écuyer, seigneur de la Cornilière, remariée en troisièmes noces, à Maroué, le 23 Janvier 1659, à Messire Allain de la Motte, seigneur de Saint-Gilles. - Du second mariage, six enfants dont :

VII.

(L'aîné) : **Claude Bertho**, écuyer, seigneur de la Cornilière,fut maintenu noble le 18Juin 1669.Il avait épousé en 1663, Guillemette Rouxelle, née vers 1644, fille de Gilles Rouxel, chevalier, seigneur de Pérouze (St-Igneuc, C.-d.-N.) et de Jeanne Sauvaget du Clos. Dont huit enfants. Le deuxième fut :

VIII

Messire **Louis François Bertho**, (*grand'père de la grand'mère, de notre grand'mère*), seigneur de la Cornilière et de la Forière, baptisé à Maroué le 30 Mai 1666, qui mourut à la Cornilière, le mercredi 16 Avril 1723, et fut inhumé aux Augustins de Lamballe. Il avait épousé, à Saint-Jean de Lamballe, le 8 Janvier 1686. Louise Françoise Le Picart, fille de Jean-Baptiste Le Picart, écuyer, seigneur de Fosse Davy et des Tronchays, et d'Anne Jégou. »

De ce mariage, cinq enfants, dont le cinquième fut :

IX.

François Mathurin Bertho, chevalier, seigneur de la Cornilière et de la Forière, *père de la grand'mère de notre grand'mère*. Né à la Cornilière, le 22, il fut nommé, dit M. de la Messélière, à Maroué, le 23 Décembre 1694, par Messire Alain Bertho, chevalier, seigneur de Trévilly. Il mourut, à son château de la Cornilière, en Maroué, et fut inhumé le 2 Janvier 1742, aux Augustins de Lamballe. Il avait épousé à Plénée-Jugon (C.-d.-N.) le 14 Septembre 1723, Pélagie Esther Martin de la Balluère, née vers 1689, remariée à Maroué, le 25 Juin 1743, à Pierre Joseph du Rocher de Villeneuve, morte en St-Etienne de Rennes, le 13 Décembre 1759. »

Du mariage François Marthurin Bertho et Pélagie Esther Martin de la Balluère, naquirent six enfants dont l'aînée :

X

« **Françoise Marie Charlotte Bertho** », dame de la Cornilière, de la Forière et de la Balluère, née le 6 Août 1724, à la Cornilière, *grand'mère de notre grand'mère*, fut nommée à Maroué, le 7 Août de la même année par Claude-Françoise Le Piquart, dame de Traurout, sa tante. Elle épousa, le 8 Mai 1742, à Maroué, dans sa dix-huitième année, après dispense de Rome, du 3e degré de consánguinité, **Messire Claude-Joseph de Kermarec**, chevalier, seigneur de Traurout, Conseiller au Parlement de Bretagne, **comte de Traurout.** Ce mariage fut célébré par René-François-Achille Louis Gouyon du Vaurouault, abbé de la Vieuville (La Boussac. Ille-et-Vilaine) et chanoine de Rennes, en présence de nombreux parents et amis, entre autres Alain Bertho, seigneur de Trévily en Maroué. »

On voit par le tableau ci-contre les degrés de parenté du 3 au 3, entre Claude Joseph de Kermarec et Françoise Marie Charlotte Bertho, dame de la Cornilière,

Grand-père et Grand-mère de notre Grand'mère :

Jean-Baptiste Le Picart épouse en 1654 Anne Jégou.

1 2e enfant : Gilles *Le Picart* épousa le 30 Déc. 1688 à St-Jean de Lamballe Anne Boschier.	1 6e enfant : Louise Le Picart, mariée à St-J. de Lamballe le 8 Janv. 1686, à Louis F. *Bertho* chevalier, seigneur de la Cornilière.
2 Claude Françoise Le Picart, mariée à St-Jean de Lamballe le 14 Avril 1711, à Claude Joseph 1er de Kermarec seigneur de Traurout.	2 François Mathurin Bertho épousa, le 14 Sept. 1723, Pélagie Esther Martin de la Balluère
3 Claude Joseph II de Kermarec, baptisé à Plélo le 6 Avril 1715 épousa, le 8 Mai 1742 Fse Bertho de la Cornilière.	3 Françoise Marie Charlotte Bertho, dame de la Cornilière, épouse de Claude J. de Kermarec.

Le château de la Cornilière avait été en partie du moins construit dès le treizième siècle. En 1806 il était « avec la retenue et la métaierie de la garde dépendant de la Cornilière, affermé à Mathurin Grogneuf, pour payer, chaque année, la somme de 1200 livres par Bail sous seings privés, du 1er pluviose au 11, pour neuf ans, qui ont commancés au jour St-Michel 1806.» En 1808, il devint par l'héritage de sa mère, la propriété de Jean-Baptiste Félicité de Kermarec. Il fut vendu après la mort de Jean-Baptiste Félicité de Kermarec, arrivée en 1837. Il appartient aujourd'hui à une dame Douard (1923), femme Loncle, qui demeure avec son mari, près du bourg de Maroué.

De loin, avec ses deux tourelles, le château a assez grand air. On l'aperçoit du train, à gauche, en venant de St-Brieuc, avant d'arriver à la gare de Lamballe. Il n'est plus habité

Généalogie

Le PICART des TRONCHAYS

ARMOIRIES : D'argent au lion de sable accompagné de 3 merlettes du même : 2 en chef, 1 en pointe.

I

Jean Le Picart, qui forme le premier degré de la filiation suivie, prouvée par titres devant la chambre de la réformation de la Noblesse de Bretagne, le 5 Février 1669, vivait en 1469.

II

Mathurin Le Picart, écuyer, seigneur de Fosse-Davy (Maroué, C.-d.-N.) et des Portes (id), épousa *Etiennette Pellan*, dame du dit lieu en Morieux (C.-d.-N.).

III

Guillaume Le Picart, écuyer, seigneur de Fosse-Davy et des Portes.

IV

Thébault Le Picart, écuyer, seigneur de Fosse-Davy et des Portes, épousa *Catherine Poulain*.

V

Alain Le Picart, écuyer, seigneur de Fosse-Davy, de Pellan et des Portes, alloué de Lamballe, épousa, le 28 Avril 1592, paroisse St-Jean de cette ville, *Jeanne de Kéranguen*.

VI

Claude Le Picart, écuyer, seigneur de Fosse-Davy et des Tronchays, épousa en 1623, *Marguerite Budes du Tertre-Jouan*, (Plouflagran, C.-d.-N.).

VII

Jean-Baptiste Le Picart. (v. p. 30) écuyer, seigneur de Fosse-Davy et des Tronchays, épousa en 1654, *Anne Jégou*, née le 14 Déc. 1620.

Pour la suite, voyez page 30.

N. B. - Les ARMOIRIES de la famille **MARTIN de la BALLUÈRE,** dont nous donnons la généalogie page 32 ; sont :

D'argent à 3 fasces ondées d'azur.

depuis une quinzaine d'années et il menace ruines. L'intérieur est tout délabré ; plusieurs fenêtres sont bouchées avec des briques.

Je suis allé deux fois à la Cornilière : le mercredi 6 octobre 1920, et le mardi 21 Août 1923. Le château est situé, non loin de la route de Brest, à 3 kilomètres de Lamballe.

Je suis aussi allé à Maroué, le mercredi 22 Août 1923. C'est une paroisse rurale de 1900 hab. à 5 kil. de Lamballe. J'ai dit la messe dans l'église de Maroué où notre trisaïeule a été baptisée et mariée.

Françoise Marie Charlotte Bertho, dame de la Cornilière, demeura d'abord à la Demi-Ville en Plélo, avec son mari, Claude Joseph de Kermarec. Plélo est une grande paroisse de 3000 habitants, canton de Châtelaudren, arrondissement de Saint-Brieuc. Depuis 1850, la Demi-Ville fait partie de la paroisse de Trégomeur (même canton) dont elle n'est distante que de 1500 mètres. Trégomeur : 900 habitants.

Cependant le manoir de la Demi-Ville fut abandonné pour le château de la Balluère, en Broons-sur-Vilaine, plus près de Rennes et plus confortable. Notre ancêtre, Claude Joseph II de Kermarec et sa famille y habitaient dès 1777, époque où fut mariée *Gabrielle de Kermarec*, dans la chapelle du château. Il est situé à trois kilomètres de Châteaubourg, sur le bord de la route de Liffré; et à un kilomètre de Broons, (canton de Châteaubourg), petite paroisse de 460 habitants.

Ce château était la propriété de Françoise Marie Bertho, dame de Kermarec, du chef de sa mère, *Pélagie-Esther Martin de la Balluère* morte en 1759. Il avait été construit en 1711 par Charles Martin de la Balluère, grand-père maternel de Françoise Marie Bertho, et il fut restauré en 1846, comme l'indiquent des pierres datales, scellées dans les murs. Les *Martin des Brulais* avaient été autorisés par Henri IV à construire leur château à La Balluère, qui devint terre noble. Mais il est certain qu'autrefois ce château était beaucoup plus grandiose qu'il ne l'est aujourd'hui ainsi que les alentours. « En avant, m'écrivait le propriétaire actuel, le 17 Septembre 1923, se trouvait une avenue à huit rangées de chênes et d'ormeaux, et elle allait jusqu'à Châteaubourg. Une autre avenue partait de notre grand portail et allait à Servon. Une troisième partait de l'extrémité *est* pour aller vers Saint-Mélaine »

Le château est sorti de la famille en 1874, acheté par M. Richelot, banquier à Rennes. Depuis quelques années (1923), il est la propriété de M. Villemain de Rennes, neveu de M. Richelot. Le nouveau propriétaire s'occupe présentement (1923) de le faire recouvrir et de le remettre à neuf. Le Jeudi 23 Août de cette même année 1923, j'ai visité le château de la Balluère. C'est une construction moderne à un seul étage, orné de sept belles fenêtres. La chapelle est attenante au château et ce château est entouré de vastes dépendances. Des sapins, des cèdres, des hêtres, d'autres arbres, entourent la propriété. Un très vaste jardin s'étend du côté opposé à l'entrée principale.

Avant de continuer notre récit, nous croyons utile de donner la généalogie des Martin de la Balluère, d'après M. de la Messélière.

— Généalogie —

MARTIN de la BALLUÈRE

I.

" *Pierre Martin*, bourgeois de Rennes, eut pour fils : François.

II.

François Martin, bourgeois de Rennes, épousa Yvonne Doret dont il eut Raoul.

III.

Noble homme, *Raoul Martin*, sieur de la Jartière et des Brulais, procureur du Roi, puis alloué et lieutenant général civil de Rennes fut anobli en Mars 1599. Il fit construire l'année suivante, près de son manoir des Brulais, en Broons-sur-Vilaine (I.-et-V.),une chapelle qui fut bénite par l'évêque de Rennes lui même, alors en tournée de confirmation, le 17 Août 1603. Cette chapelle, consacrée à Notre-Dame. était fondée au 18e siècle d'une messe tous les mardis.

Raoul Martin eut de *Julienne Forgeays*, dame des Brulais, son épouse » quatre enfants dont l'aîné fut :

IV.

« *Rene Martin*, écuyer, seigneur de la Balluère (Broons-sur-Villaine), reçu Conseiller au Parlement de Bretagne en 1609, mort en 1631, qui avait épousé *Jacquemine Sauvaget*, morte en 1631 », dont il eut quatre enfants. L'aîné :

V.

Jean Martin, écuyer, seigneur de la Balluère « demeurait à Rennes, paroisse Saint-Jean. Il fut conseiller du Roi, maître en la Chambre des Comptes de Bretagne en 1641, fut maintenu dans sa noblesse par les commissaires de la Réformation de Bretagne, le 26 Janvier 1669 et mourut en 1672. Il avait épousé à Toussaints de Rennes, le 14 Octobre 1646, Louise Bernard, morte en 1710, fille de Jean Bernard, sieur des Boschaers, avocat en Parlement et de Perrine Lezot, dont il eut d'abord sept enfants, puis cinq autres, morts jeunes. » L'aîné :

VI.

« *Charles Martin*, écuyer, seigneur de la Balluère et de la Touche-Sauvaget, né en 1655, mort en 1730, lieutenant des maréchaux de France à Dinan, avait épousé, en 1685, *Renée Esther Gouyon*, (1) morte en 1735, fille de François Gouyon, seigneur du Gros-Chêne et d'Anne Esther de Launay. » De ce mariage sept enfants dont l'aînée fut :

VII.

« *Pélagie Esther Martin*, dame de la Balluère, née le 12 Janvier 1697, morte en St-Étienne de Rennes, le 13 Décembre 1759. Elle avait épousé : à la Touche-Sauvaget (Plénée-Jugon, (Côtes-du-Nord), le 14 Sept. 1723, *François Mathurin Bertho*, chevalier, seigneur de la Cornilière, âgé de 28 ans ». Du mariage *François Mathurin Bertho* et *Pélagie Esther Martin de la Balluère*, naquirent six enfants dont l'aînée :

Françoise Marie Charlotte Bertho, dame de la Cornilière, de la Forière et de *la Balluère*, épousa *Claude Joseph de Kermarec*, comme nous l'avons dit.

---

(1). Les Gouyon du Gros-Chêne sont de la même famille que les Gouyon de Matignon, seigneurs de Thorigny (Manche).

Françoise Bertho. dame de Kermarec avait soixante ans lorsque mourut son mari en 1784.

Je possède copie de " *l'inventaire du dépôt* que fait la citoïenne Françoise Marie Charlotte Bertho, Veuve Kermarec, au greffe de la municipalité de Broons-sur-Vilaine, district de Vitré, en conformité de la loi du 1er Décembre 1793. " Le nombre de ces pièces est de deux mille quatre cent soixante dix.

« Arrêté le six Décembre mil sept cent quatre vingt treize, an deux de la république une et indivisible. »

La même année 1793, *la comtesse douarière de Traurout* fut incarcérée dans l'ancien couvent des Ursulines de Lamballe où se trouvait également enfermée, pour *incivisme*, Pélagie du Gourlay, dame *Bertho de la Ville-Pierre*.

Il est certain qu'une partie de ses biens fut confisquée et vendue par le gouvernement de la République, comme le prouve l'acte de partage de sa succession dont nous parlerons lors de la généalogie de *Léandre de Kermarec*, notre bisaïeul.

En l'an VII (1799) dame Françoise Bertho, veuve Kermarec, fit l'abandon volontaire à tous ses enfants du domaine qui luit avait été donné en 1785, sur les Biens de feu son mari, faisant partie de la terre de la Demi-Ville, se réservant le nombre de cent ouze boisseaux de froment en propre pour sa portion dans les acquêts.

Nous verrons plus loin l'acte de donation de dix-huit mille livres tournois qu'elle fit en faveur de son septième enfant, *Jean-Baptiste Félicité*, en Février 1802, ainsi que son Testament en date du 7 Frimaire an XII, (29 Nov. 1803.)

Dans ses dernières années la comtesse de Traurout alla habiter Rennes, laissant sa fille Agathe de Kermarec au château de la Balluère.

Le Lundi 9 Mai 1921, étant encore curé de Poilley, j'ai pris en mairie de Rennes copie de l'

Acte de décès de *Françoise Marie Charlotte Bertho de la Cornilière, Veuve Claude Joseph de K/marec de Traurout.*

Le 30 Mai 1807, devant nous, maire et officier public ont comparu : Martin François Josset majeur, horloger, rue de la

Liberté et Jean Thébault, majeur, homme de confiance, rue Beaurepaire, lesquels nous ont déclaré que Françoise-Marie-Charlotte Bertho, âgée de 83 ans environ, native de la commune de Maroué (Côtes-du-Nord), Veuve Claude-Joseph de K/marec de Traurout, est décédée ce matin, neuf heures et demie, rue de la Liberté, et ont les témoins signé avec nous après lecture.

Josset Thébault Lorin

Nous ferons remarquer une fois pour toutes que les de Kermarec écrivaient leur nom avec un K barré : K/marec.

Du mariage de notre trisaïeul **Claude-Joseph de Kermarec de Traurout** avec **Françoise-Marie-Charlotte Bertho de la Cornilière** naquirent neuf enfants : *1° François-Claude*, né en 1747 ; 2° *Louis-Eusèbe*, né vers 1749 ; 3° *Louise-Gabrielle*, née en 1750 ; 4° *Casimir*, né en 1753 ; 5° *Hippolyte*, né en 1754 ; 6° *Agathe-Claudine*, née en 1755 ; 7° *Jean-Baptiste-Félicité*, né en 1757 ; 8° *Léandre-François-Cyrille, notre bisaïeul*, né en 1758 ; 9° *Alexandre-François*, né à Plélo, le 10 Sept. 1760, mort jeune, et *dont il ne sera plus question.*

Claude-Joseph de Kermarec de Traurout étant la souche commune, nous désignerons par A le premier degré, B le second et ainsi de suite. Pour trouver le degré de parenté, il suffira de remonter à la lettre qui indique la souche commune. Soit B et E. Si la souche commune est B, la parenté E sera au 3e degré. Soit la première souche commune *Claude-Joseph*, la lettre F indiquera la sixième génération, par exemple Claude-Joseph. puis : A. B. C. D. E. F. mon petit neveu, *Eloi Lacocquerie.*

CHAPITRE 1er

Généalogie de

François-Claude de KERMAREC

(Oncle de notre grand'mère)

A

Extrait du recueil généalogique de M. de la Messélière : “ **François-Claude de Kermarec, comte de Traurout**, seigneur de la Demi-Ville et de la Balluère, né à la Demi-Ville, le 13 Mars 1747, fut nommé, le même jour, à Plélo, par Messire Claude-François de Kermarec de Traurout, officier au régiment de Rumen Cavalerie, et demoiselle Françoise-Marguerite Bertho, dame de la Cornilière. François-Claude de Kermarec fut reçu conseiller au Parlement de Bretagne en 1771, âgé de 27 ans, et mourut à Rennes le 11 Juin 1825, âgé de 78 ans. Il eut en partage le manoir de la Demi-Ville et le château de la Balluère, ainsi que les dépendances.

Il avait épousé : 1° dans la chapelle des Ursulines en Saint-Patern de Vannes, le 26 Juillet 1774, **Marie-Jeanne Jacquelot, Vicomtesse de la Motte** (Quistinic, Morbihan), baronne de Campzillon, née vers 1750, âgée de 24 ans environ, lors de son mariage. Elle mourut à Rennes, paroisse Saint-Sauveur, le 13 Février 1789, âgée d'environ 39 ans et fut inhumée le 15 Février. »

Il épousa 2° à Saint-Aubin de Guérande, le 25 Mai 17[illegible] *Anne-Marie Godet de Châtillon.*

Section 1re

De son premier mariage, François-Claude de Kermar[illegible] eut quatre enfants :

(B) *1° Joseph-Félicité, 2° Adélaïde, 3° Emmanuell[illegible] 4° Reine-Rose.*

B

1° *Joseph-Félicité de Kermarec, (* dit M. de la Messélière *),* comte de Traurout, né en 1776, à Piriac (Loire-Inf[re]), mort à Rennes, le 8 Avril 1849, avocat à la cour d'appel de cette ville. Il avait épousé *Marie-Louise de Caradeuc de la Chalotais,* » petite fille du célèbre procureur, « née le 4 et baptisée à Saint-Jean de Rennes, le 11 Octobre 1778. »

De ce mariage, deux enfants : (C) 1° *Adelaïde-Marie,* 2° *Marie-Emmanuelle.*

C

Recueil généalogique : « 1° *Adélaïde-Marie de Kermarec de Traurout,* née le 10 Mai 1807 et morte à Rennes, le 27 Mai 1845, âgée de 38 ans, avait épousé le 4 Juillet 1827, *Paul (I) Chéreil de la Rivière,* né à l'Isle de France, le 30 Juin 1792, mort à Rennes, le 24 Février 1862, âgé de 69 ans ».

De ce mariage sept enfants :

(D) 1° Paul (II), 2° Alexandre, 3° Henri, 4° Marie-Célinie, 5° Charles, 6° Adèle ou Adélaïde, 7° Clotilde.

D

1° *Paul (II) Chéreil de la Rivière,* né le 18 Avril 1828 et mort à Rennes, le 21 Juin 1848, élève à l'école militaire de Saint-Cyr.

2° *Alexandre Chéreil de la Rivière,* né à Rennes, le 12 Septembre 1829, marié à Languidic (Morbihan), le 29 Sept. 1861, à *Olympe-Marie de Kerret,* a eu un fils unique :

E

Raoul-Paul Chéreil de la Rivière, né au château des Loges (Bruz, I.-et-V.), le 9 Mars 1863, marié le 22 Nov. 1892, à St-Philippe du Roule, à Paris, à *Charlotte-Marie de Truchi,* dont :

F

1° *Marie-Yvonne,* née aux Loges, le 15 Août 1894 : 2° *Odette-Marie* née aux Loges, le 15 Janvier 1897 ; 3° *André* ; 4° *Hervé Chéreil de la Rivière.*

D

3° Le 3e enfant de Paul (I) Chéreil de la Rivière et de

Adélaïde-Marie-Anne de Kermarec fut : « *Henri François Chéreil de la Rivière*, né le 16 Août 1830, et mort à Rennes, sans alliance, le 17 Février 1886, âgé de 55 ans.

4° *Marie-Célinie de la Rivière*, née à Rennes, le 10 Déc. 1831, morte au Sacré-Cœur de Nantes, le 29 Février 1848, âgée de seize ans.

5° *Charles-Augustin de la Rivière*, né à Rennes, le 6 Septembre 1834, mort à Alger, sans alliance, le 21 Octobre 1864, âgé de trente ans, lieutenant d'infanterie.

6° *Adèle ou Adélaïde-Emilie de la Rivière*, née à Vern (I.-et-V.), le 11 Octobre 1836, morte à Rennes, le 16 Juillet 1839, dans sa troisième année.

7° *Clotilde-Marie-Rose Chéreil de la Rivière*, née le 24 Octobre 1839, morte à Rennes, le 20 Juin 1870, religieuse de la retraite, dans sa 31e année.

C

La 2e enfant de Joseph-Félicité de Kermarec fut : « *Marie-Emmanuelle de Kermarec de Traurout*, née à Rennes le 25 Décembre 1811, héritière du Plessis de Vern (Vern I.-et-V.) du chef de sa mère, et, du chef de son père, du manoir de la Demi-Ville en Plélo. Elle mourut vers 1871, âgée de soixante ans. Elle avait épousé, à Rennes, le 16 Mai 1832, *Augustin Magon de la Vieuville* (1805-1865) ».

Cet Augustin Magon de la Vieuville était le frère d'une demoiselle Magon de la Vieuville qui épousa Monsieur Tardif de Moidrey. Cette dame de Moidrey demeurait avec son fils Monsieur Victor, maire de Moidrey, mort vers 1905, en son château. J'ai été curé de Moidrey, (canton de Pontorson), de Août 1892 au 1er Sept. 1899. Plusieurs fois, Madame de Moidrey, mère, m'a dit que son frère avait épousé une demoiselle de Kermarec de Traurout, celle dont nous parlons. Elle fut marraine, vers 1840, à Moidrey, d'une nièce, Melle Berthe de Moidrey, morte en 1922, à Saint-Servan (I.-et.-V.).

Marie Emmanuelle de Kermarec, femme de la Vieuville, était cousine issue de germaine de notre mère. Un de ses neveux, Monsieur Yves de Moidrey, qui demeure à Saint-Servan, m'a donné son portrait.

Marie-Emmanuelle de Kermarec a eu six enfants de son mariage, nous dit M. de la Messélière. :

D

« 1° *Blanche-Marie-Anne Magon de la Vieuville*, née en 1833, religieuse de Saint-Vincent de Paul, morte le 7 Mai 1898, âgée de 65 ans environ, à Paris, supérieure de l'hospice du Gros-Caillou.

2° *Ulric de la Vieuville*, né en 1834, mort en 1836, âgé de deux ans.

3° *Aliette-Marie-Anne de la Vieuville*, pensionnaire dans une grande communauté, morte vers 1917.

4° *Auguste de la Vieuville*, né à Saint-Malo, le 14 Avril 1837, engagé à Rome, aux tirailleurs Franco-Belges ; zouave pontifical, le 1er Janvier 1861, caporal, le 21 du même mois, sergent, le 21 Février 1862, capitaine adjudant-major aux mobiles d'Ille-et-Vilaine ; blessé mortellement à Champigny (Seine), le 2 déc. 1870, dans sa 34e année ; mort sans alliance.

5° *Amaury de la Vieuville*, né à Saint-Pôtan (C.-d.-N.), le 14 Octobre 1838, zouave pontifical, puis lieutenant au 5e bataillon de chasseurs, blessé mortellement à Jaunes, près Beaugency, le 1er Déc. 1870, mort le 7, sans alliance, chevalier de la légion d'honneur. »

Les deux frères ont suivi la même carrière et sont tombés, presque le même jour, pour la même cause. Leur mère mourut très peu de temps après. Mademoiselle de Moidrey que je vis une dernière fois avant sa mort, à Saint-Servan, le 28 Juin 1921, m'a dit qu'on n'avait pas fait connaître à leur mère la mort de Auguste et de Amaury de la Vieuville.

« 6° *Christian Magon de la Vieuville*, né à Rennes le 6 Juillet 1852, héritier du Plessis-de-Vern, du chef de sa mère ; maire de Vern, près Rennes ; mort en 1903. Il avait épousé, en 1883, *Marguerite-Blanche Magon de la Vieuville*, sa cousine germaine, fille d'Albert Magon de la Vieuville et de Margaret Maclovie Bukley de Manchester, qui demeure actuellement à la Ville-és-Oiseaux, en St-Jouan-des-Guérets, près St-Servan. J'avais vu cette dame, à Moidrey, et je suis allé lui faire visite, le 28 Juin 1921.

Du mariage de Christian de la Vieuville avec Marguerite-Blanche sont nés trois enfants :

E

1° *Albert Magon de la Vieuville*, sans alliance.

2° *Yvan Magon de la Vieuville*, sans alliance.

3° *Marguerite Magon de la Vieuville*, mariée le 12 Juin 1907, à *Joseph Chalmel de la Rivière*, (non parent aux Chéreil de la Rivière). Le château de Vern a été vendu en 1920. Monsieur et Madame Chalmel de la Rivière demeurent à Saint-Servan, Villa Belle-Rive.

De ce mariage deux enfants :

1° *Yvonne Chalmel de la Rivière*, née en 1909.

2° *Marinette Chalmel de la Rivière*, née en 1912.

Nous avons dit plus haut (v. p. 24) que le manoir de la Demi-Ville avait été vendu par les héritiers pour payer les frais résultant des successions de Auguste et d'Amaury de la Vieuville, morts en 1870.

B

La 2e enfant du premier mariage de François Claude de Kermarec fut : *Adélaïde-Angélique de Kermarec.*

« Elle naquit à Rennes, nous dit le recueil généalogique, le 6 Décembre 1783 et fut baptisée à Saint-Sauveur, le 7. Elle épousa, à Rennes, âgée de 23 ans, *Jean Joseph Chomart de Kerdavy*, né à Herbignac (Loire-Inf.), le 21 Octobre 1778. Le mariage eut lieu le 28 Avril 1807. Jean Chomart, de Kerdavy avait 28 ans. Il figure à la liquidation du milliard des Émigrés, comme seul héritier de Marie Coquart de Kerné, sa mère, et, comme héritier de Françoise Bertho, dame de Kermarec de Traurout, son aïeule maternelle, ascendante d'émigrés.

De ce mariage il n'y eut qu'un fils :

C

Gustave Marie Chomart de Kerdavy. Il était mineur en 1827, lors de la liquidation du milliard des Emigrés.

Nous pensons que c'est lui qui épousa *Emilie de Tréméac.* De ce mariage il eut deux filles, dernières du nom :

1° *Emilie*, 2° *Adèle* ».

D

1° *Emilie Chomart de Kerdavy*, épousa en 1855, le vicomte *Joseph-Marie de Kersauson de Penandreff*, (fils de Joseph de Kersauson, ancien député, puis religieux à la Trappe de Timadeuc). Il était né, à Brest, le 31 Août 1831,et mourut, à Nantes, le 27 Janvier 1913 .» Auteur d'une généalogie de sa famille. De ce mariage sont nées trois enfants :

E

1° *Emilienne*, religieuse de Saint-Vincent de Paul.

2° *Jeanne.*

3° *Marie*, mariée à Nantes le 14 Aril 1896, *à Armel, comte de l'Estourbeillon,)* château des Touches, par Guer, Morbihan). Dont :

F

1° *Marie*, née le 16 Mars 1897; 2° *Joseph*, né le 16 Janvier 1899; 3° *Xavier de l'Estourbeillon*, né le 10 Avril 1900.

D

Adèle Chomart de Kerdavy, née vers 1830, morte à Kerdavy en Herbignac (Loire-Inférieure), le 7 Nov. 1906, épousa *Louis Pierre Libault de la Chevasnerie*, né à Nantes, le 12 Mars 1826, mort à Vannes, le 30 Juin 1884. Elle a porté à son mari le château de Kerdavy. De ce mariage, cinq enfants :

(E) 1° *Charles*, 2° *Arthur*, 3° *Pierre*, 4° *Jean*, 5° *Marie.*

E

1° *Charles Libault de la Chevasnerie*, né à Kerdavy, y demeurant en 1911, épousa 1°, à Nantes, le 8 Septembre 1886, *Marie-Thérère Legouais*, morte à Nantes, le 5 Juillet 1891.

2° *Alice O'Kelly de Newton.*

Du premier mariage, deux enfants :

F

1° *Jean*, 2° *René Libault de la Chevasnerie.*

Du deuxième mariage, quatre enfants :

F

1° *Michel Libault de la Chevasnerie*, aide-major, croix de guerre, a épousé, en 1918, *Yvonne Barbier de Lescoët.*

2° *Paule Libault de la Chevasnerie*, a épousé le Vicomte *Hocquart de Turtot*, dont postérité.

3° *Antoine Libault de la Chevasnerie*, pilote aviateur.
4° *Berthe Libault de la Chevasnerie.*

E

Arthur de la Chevasnerie, châtelain des Jarilles, près Touvois (Loire-Inférieure), épousa, à Nantes, le 6 Mai 1890, *Bathilde Le Maignan de l'Écorce*, dont :

F

1° *Bathilde*, 2° *Huberte Libault de la Chevasnerie.*

E

3° *Pierre Libault de la Chevasnerie*, né à Kerdavy, le 12 Avril 1863, épousa à Augan (Morbihan) le 9 Janvier 1895, *Anne-Marie Mouësan de la Villirouët*, dont :

F

Marie-Thérèse Libault de la Chevasnerie, née à Lémo, en Augan, le 10 Juin 1896, épousa à Saint-Sauveur de Rennes, le 11 Juin 1918, le Vicomte *René de la Guerrande*, fils du Comte de la Guerrande, conseiller général d'Ille-et-Villaine, châtelain des Hurlières, en Châtillon, près Fougères.

E

4° *Jean Libault de la Chevasnerie*, demeurant à Guérande, a épousé *Marie de Brégeot* dont :

F

1° Le Vicomte *André Libault de la Chevasnerie*, marié à Pléneuf (C.-d.-N.), le 18 Novembre 1922, à *Odette de la Guerrande*, sœur de René de la Guerrande, ci-dessus
2° *Aline*, 3° *Louise Libault de la Chevasnerie.*

E

5° *Marie Libault de la Chevasnerie*, a épousé à Herbignac, le 1er Mai 1895, *Charles-Louis-Marie Le Maignan de l'Ecorce*, dont deux enfants :

F

1° *Simonne Le Maignan de l'Ecorce*, née à Nantes le 25 Février 1896, mariéé à Nantes, le 15 Avril 1920, à *Artur Gazet du Châtelier.*
2° *Renée Le Maignan de l'Ecorce.*

B

La troisième enfant du 1er mariage de François-Claude de Kermarec fut :

3° *Emmanuelle-Félicité de Kermarec*, née en Saint-Sauveur de Rennes, le 25 Décembre 1785, morte avant 1827 ; c'est-à-dire qu'elle ne figure pas à la liquidation du milliard des émigrés qui eut lieu en 1827. Donc elle était morte.

B

La 4e enfant du 1er mariage de F. C. de Kermarec fut :

Reine-Rose de Kermarec « née, dit M. de la Messélière, le 7 Mai (après 1785), baptisée à Saint-Sauveur de Rennes, le 25 Mai ; morte à Rennes, le 27 Octobre 1844, veuve de *Louis-Hercule-Hubert, baron de Corbineau*, né à Marchiennes (Nord, arrondt de Douai), le 10 Avril 1780, engagé dans la marine à bord du « Requin », le 1er Avril 1793, non encore âgé de 13 ans, passé peu après, dans l'armée de terre ; capitaine au 5e chasseurs, après la bataille de Hohenlinden, (3 Déc. 1800), chevalier de la légion d'honneur en 1805, major-colonel de la Garde-Impériale ; grièvement blessé à Eylau (8 Février 1807), où son frère aîné, le général Corbineau fut tué ; amputé de la jambe droite à Wagram, ce qui l'obligea à quitter le service. Monsieur Corbineau fut nommé officier de la Légion d'honneur, le 17 Novembre, et créé baron d'Empire en Décembre 1810. Il fut nommé, la même année, receveur général de la Seine-Inférieure, puis, en 1814, à Châlons-sur-Marne, où il mourut le 5 Avril 1823, âgé de 43 ans. Il était fils puîné de Jean Charles Corbineau, écuyer, inspecteur général des haras du Maine et bailli général de l'Abbaye de Marchiennes.

Reine-Rose de Kermarec, femme de Corbineau (noblesse de l'empire) eut trois enfants. 1° *Hercule*, 2° *un autre fils*, 3° *Adèle-Marie de Corbineau* (1).

C

« *Hercule-Eugène baron de Corbineau*, né vers 1811. propriétaire, du chef de sa mère, du château de la Balluère en Broons-

(1) Elle figure à la liquidation du milliard des Emigrés (4 Mai 1827) comme héritière de Françoise Bertho, dame de Kermarec de Traurout.

sur-Vilaine qu'il fit restaurer en 1846 (2). Il est mort en 1874, époux *d'Edmonde-Marie Hubert de Sainte-Croix*, dont une fille :

D

Anne-Marie de Corbineau, née le 27 Août 1868, à la Balluère, et décédée avant 1874. époque où ce château fut acheté par M. Richelot » banquier à Rennes. Depuis quelques années (1923), il appartient à Monsieur Villemain, de Rennes, neveu de Monsieur Richelot qui le lui a donné par testament. Le nouveau propriétaire s'occupe activement de restaurer et de remettre à neuf son château.

C

Je n'ai aucun détail sur le 2e *fils* de Reine-Rose de Kermarec, femme de Corbineau.

3e enfant de ce mariage : « *Adèle-Marie de Corbineau,* morte sans postérité ; mariée le 31 Juillet 1836, au comte *Napoléon-Nompère de Champagny, duc de Cadore,* pair de France ».

Section IIe

A

Marie-Jeanne Jacquelot, vicomtesse de la Motte, étant morte vers 1789, âgée de 39 ans environ, **François-Claude de Kermarec,** épousa, en secondes noces, à Saint-Aubin de Guérande, le 25 Mars 1790, « **Anne-Marie-Jeanne-Vincente Godet de Châtillon** (Fay. Loire-Inférieure), née en Saint-Laurent de Nantes, le 16 Novembre 1764, morte à Rennes, le 8 Mai 1825, cinq semaines avant son mari. Elle était dans sa 25e année lors de son mariage ; son mari était âgé de 43 ans. Elle mourut dans sa 61e année. De son second mariage, Francois-Claude de Kermarec a eu trois filles.

B

Aglaé-Marie-Anne de Kermarec, née à la Balluère, le 17 Mars 1792. mourut en Saint-Pierre de Rennes, le 13 Août, et fut inhumée le 14 Août 1792.

---

(2) Il fut maire de Broons-sur-Vilaine.

2° *Aglaé-Mathilde de Kermarec*, née le 8 Messidor an X et mariée à Rennes, le 1er Février 1821, à *François Martin de Bourgon*, adjudant-major au 42e d'infanterie de ligne, né à Angoulême ; sans postérité.

3° *Caroline-Sophie de Kermarec*, née le 27 Avril 1793, et décédée à Rennes, le 15 Avril 1834, dans sa 41e année, y avait épousé, le 2 Août 1824, âgée de 31 ans : *Fortuné du Plessis-Mauron, marquis de Grenedan*, né à Ménéac (Morbihan), le 30 Mars 1789, capitaine dans la légion du Morbihan, remarié à Guer (Morbihan), mort à Ménéac, le 28 Septembre 1856, dans sa 78e année. Il était dans sa 35e année lors de son premier mariage.

De ce mariage deux enfants :

C

1° *Arthur Fortuné du Plessis de Grenedan*, né à Rennes, le 29 Septembre 1825, mourut à Ménéac, le 15 Août 1843, dans sa 18e année.

2° *Jules-Philippe du Plessis-Mauron, marquis de Grenedan*, né à Rennes, le 10 Octobre 1826, châtelain de la Riaye (Ménéac), conseiller général du Morbihan ; marié à Guer (Morbihan), le 27 Décembre 1853, à *Julie Ernestine de la Haye de Plouër*, née à Saint-Malo, le 22 Août 1831 ; eut six enfants :

D

1° *Julie Ernestine du Plessy de Grenedan*, née le 26 Septembre 1854.

2° *Jules*, 3° *Ernestine*, 4° *Jean*, 5° *Marie-Camille*, 6° *Anne-Marie*.

2° *Jules-Hippolyte, comte de Grenedan*. naquit à Guer, le 17 Décembre 1855. Officier de cavalerie, il se maria à Mayenne, le 10 Décembre 1889, dans sa 34e année, à *Nelly Benoît des Valettes*, (née en 1868, à Mayenne) dont :

E

1° *Jean*, né le 29 Novembre 1890 ; 2° *Jacques*, né le 20 Octobre 1891 ; 3° *Pierre*, né le 4 Décembre 1892 ; 4° *Nelly du Plessis de Grenedan*, née le 11 Décembre 1893.

D

3° *Ernestine Stéphanie du Plessis Mauron de Grenedan*, née à Guer, le 11 Mai 1857, mariée à Ménéac, le 10 Juin 1884, à *Albert de Langle de Cary*, châtelain du Vergier, près Gestel (Morbihan), frère du général.

E

De ce mariage, *un seul fils* mort en 1901.

D

4° *Jean-Louis du Plessis de Grenedan*, né le 15 Octobre 1858, mort à Guer, le 22 Octobre 1868, âgé de 10 ans.

5° *Marie-Camille du Plessis de Grenedan*, née au château de Porcaro, Guer, le 21 Janvier 1862, mariée à Ménéac, le 17 Juin 1891, âgée de 19 ans, à *Ferdinand Magon de St-Elier*, né le 3 Avril 1859. »

De ce mariage sept enfants :

E

1° *Ferdinand.*

2° *Alain Magon de Saint-Elier*, capitaine au 248e d'infanterie, tué le 19 Octobre 1915.

3° *Charles*, 4° *Jean*, 5° *Jules*, 6° *Anne*, 7° *Marie Magon de St-Elier.*

D

(6°) La sixième enfant de Jules du Plessis Mauron de Grenedan : *Anne-Marie-Julie de Grenedan*, née à Porcaro le 5 Mai 1866.

Nota. — Aglaé-Mathilde de Kermarec, femme François de Bourgon et Caroline-Sophie de Kermarec, femme de Grenedan figurent à la liquidation du milliard des émigrés, (décision du 7 Déc. 1827), comme héritiers de Françoise-Marie-Charlotte Bertho, dame de Kermarec de Traurout, leur aïeule maternelle, ascendante d'émigrés.

CHAPITRE II

A

Jean-Louis-Eusèbe de KERMAREC

(Oncle de notre grand'mère)

1° Jean-Louis-Eusèbe de Kermarec de Traurout, (v. p. 35) naquit dans le courant de l'année 1748. Lors de la révolution, il fut officier dans l'armée royaliste et affilié à la conjuration de la Rouérie. Il fut tué en 1794, à l'entrée de la forêt de Rennes, au retour de l'expédition du général Puisaye dans le Morbihan.

Notre cousine, Melle Andrée Carof, artiste en peinture possède une miniature le représentant. D'après cette miniature, elle a bien voulu dessiner un portrait qu'elle m'a grâcieusement offert.

J'ai trouvé la curieuse pièce qui suit dans les papiers de famille qui m'ont été confiés le 18 Janvier 1921 :

Acte de notoriété certifiant le décès de Jean-Louis-Eusèbe de K/marec, second fils du citoyen Claude-Joseph de K/marec de Traurout et de dame Françoise-Marie-Charlotte Bertho, fusillé en 1794, 6 floréal an 10, (26 Avril 1802).

L'an dix de la République française, devant nous, notaires du canton de Saint-Aubin du Cormier, département d'Ille-et-Vilaine, sousignés, patentés, ont comparu :

Les citoyens Julien Leray, laboureur, de la Guèlenais ; Charles Vannier, du bourg ; Jean Lebreton, aubergiste, de Fouillard ; Jean-Marie Letimonnier, laboureur ; Michel Maugé, journalier, des Rueilles ; Pierre Chevrel, du bourg ; et Pierre Gandon, cordonnier, du bourg ; les tous habitants de la commune de Liffré.

Lesquels certifions pour valoir et servir partout où il appartiendra, qu'ayant parfaitement connu *Jean-Louis-Eusèbe K/marec*, second fils du citoyen Claude-Joseph de K/marec de Trauroul et de Dame Françoise-Marie-Charlotte Bertho, actuellement sa veuve, pour l'avoir vu plusieurs fois en ce bourg et dans cette commune, notamment à la campagne du citoyen Hippolyte Marie de K/marec, l'un de ses frères ; qu'ils le reconnurent parfaitement, lorsqu'au mois de floréal an deux (fin d'Avril ou au commencement de Mai mil sept cent quatre vingt quatorze) vieux style : ils le virent en dépôt au corps de garde de ce bourg avec plusieurs autres particuliers que les troupes républicaines avaient arrêtés et qu'ils les en firent sortir deux à deux pour les *fusiller* ; ce qu'elles exécutèrent de suite à la sortie de ce bourg sur la route de Saint-Aubin ; que K/marec subit ce sort avec un jeune homme inconnu dans le pays, que K/marec adressa la parole à quelques uns des comparans, et les chargea de quelques commissions peu importantes pour sa famille, que tous ces individus furent enterrés dans l'endroit même de la fusillade par les soldats qui avaient fait l'exécution sans aucune déclaration, formalité ni enregistrement ; mais que les comparans n'ont aucun doute que K/marec ne fut du nombre de ceux qui périrent en cette occasion.

A de plus comparu le citoyen René Lemoine, maire actuel, de cette commune et y demeurant, au bourg ; lequel a déclaré 1° qu'étant chef de l'un des postes de la garde nationale de Liffré, lors des événements attestés ci-dessus, il en a connaissance particulière par avoir su, après la fusillade par Julien Leray, l'un des certifiants que le premier de ceux qu'on avait amenés deux à deux au corps de garde avant l'expédition avec un jeune homme inconnu était K/marec frère du citoyen K/marec, propriétaire de la métairie qu'occupe encore le dit Leray ; 2° *qu'aucun des vingt qui le même jour furent fusillés militairement et sans aucune forme de jugement ne fut porté sur les registres des décès de la commune.*

De tous quoi chacun des comparans pour son respect a requis acte pour suppléer et administrer la preuve de la vérité et de la notoriété du fait, ce que nous leur avons accordé sous leurs seings, fors ceux qui ne le savent feront signer à leur requête, comme il sera marqué sous chaque seing et de nous dits notaires ce six floréal an dix républicain d'après lecture donnée de mot à autres aux comparans.

La minute est signée : Vannier jeune ; Julien Leray ; Deleru, requis de Gandon ; Lecreach pour Chevrel : Pierre Aubin, requis de Maugé ; Letimonnier ; Lebreton ; Lemoine, maire ; Rossignol et Leprince, notaires.

En marge est écrit : Enregistré à Saint-Aubin du Cormier le six floréal an dix républicain ; folio vingt cinq, verso case dix, reçu un franc un décime, subvention comprise. Signé Lohier.

Je soussigné Joseph-Eugène Leprince, notaire royal à la résidence de Saint-Aubin du Cormier, arrondissement de Fougéres, département d'Ille-et-Vilaine et possesseur de l'office de feu Me René Leprince, certifie conforme à la minute dont je suis dépositaire, ces présentes délivrées à Monsieur Depontbriand, mari d'une de m[lle] de K/marec, ce onzeJuin mil huit cent vingt cinq.

Signé : Leprince, notaire royal.

Cette demoiselle de Kermarec était Thérèse, fille de Léandre de Kermarec, notre grand'tante. Elle épousa à Fougères, le 2 Sept. 1823, Edmond du Breil, vicomte de Pontbriand.

CHAPITRE III

Généalogie de

Louise Gabrielle de KERMAREC de TRAUROUT

(Tante de notre grand'mère)

A

Du recueil généalogique : « **Louise Gabrielle de Kermarec**, (V. p. 35) naquit à la Demi-Ville, en Plélo, le 24 Octobre 1750.

Elle épousa, à Broons-sur-Vilaine (Ille-et-Vilaine), dans la chapelle du château de la Balluère (ce qui fait supposer que ses parents habitaient ce château à cette époque), *Jean-Thomas-Baptiste de Lorgeril*, le 28 Janvier 1777.

Jean-Thomas-Baptiste de Lorgeril, fils puîné de Louis-François de Lorgeril et de Marie-Magdeleine Géraldin, naquit vers 1709 et reçut en partage la terre noble du Verger-Chapronais, en Evran (Côtes-du-Nord). Il servit pendant longtemps dans la marine royale et est qualifié en 1777, lors de son second mariage, et dans son acte d'inhumation : ancien capitaine des vaisseaux du roi.

Il mourut subitement au château de la Bourbausaye, chez M. d'Armaillé, futur beau-père de son fils, le 29 déc. 1799 et aprés avoir rendu ses devoirs à sa paroisse, Pleugueneuc, fut inhumé, le 31, dans son enfeu de l'église de Plesder (I.-et-V.).

Il avait épousé d'abord, vers 1740, une Allemande, née dans la religion protestante, morte sans postérité.

Il épousa Louise Gabrielle de Kermarec en secondes noces. » Il avait près de 68 ans et son épouse en avait 26. Il avait environ 70 ans lors de sa mort. Il ne fut donc guère marié que deux ans avec Louise-Gabrielle de Traurout.

Section 1re

De ce mariage naquirent trois enfants :

1° (B) *Louis-François de Lorgeril ;*

2° *Un fils anonyme,* mort aussitôt aprés sa naissance ;

3° *Une fille,* née et morte le 17 déc. 1779.

B

« *Louis-François-Marie de Lorgeril,* dit le comte de Lorgeril, naquit le 22 Janvier 1778, à la Motte-Beaumanoir, et fut nommé, le même jour, dans l'église de Pleugueneuc, par Louis-Pierre de Lorgeril, son cousin germain et par sa grand'mère, Françoise-Marie Charlotte Bertho, dame de Kermarec de Traurout.— Il n'avait pas encore deux ans lorsque son père mourut et n'avait que huit ans lorsqu'il perdit sa mère, remariée le 16 Décembre 1783.

Devenu donc orphelin de bonne heure (8 ans), Louis de Lorgeril passa en Angleterre pendant la Révolution. Revenu en France, il s'occupa beaucoup d'agriculture. En 1852, on lui a élevé une colonne à l'angle du Parc de la Motte-Beaumanoir. En Septembre 1821, Monsieur de Lorgeril fut nommé maire de Rennes, charge qu'il occupa jusqu'au mois d'Août 1830. Il assista en cette qualité, au sacre du roi Charles X à Reims, le 29 Mai 1825. Elu député d'Ille.-et-Vilaine en 1828, il se retira des affaires publiques en 1830, pour s'occuper exclusivement des affaires agricoles. Il mourut subitement à Orléans, le 12 Avril 1842, et son corps, rapporté à Plesder fut inhumé dans un cimetière privé près de l'église. (âgé de 64 ans).

Louis-François-Marie, comte de Lorgeril, avait d'abord épousé, le 28 Février 1798, *Marie-Louise-Sophie de Bizemont,* née le 16 Décembre 1778, morte sans postérité, le 27 Pluviôse an VIII.

Il épousa en secondes noces, à Pleugueneuc, le 12 Février, 1805, *Julie-Marie-Perrine de la Forest d'Armaille,* née au château de la Bourbausais, en Pleugueneuc ;

morte au château de la Motte-Beaumanoir, le 11 Mars 1862 et inhumée près de son mari, à Plesder. Il avait 20 ans lors de son premier mariage et 27 ans lors du second.

De ce second mariage, Louis de Lorgeril eut sept enfants : (C) 1° *Julie*, 2° *Pauline*, 3° *Léon*, 4° *Charles*, 5° *Louise*, 6° *Agathe*, 7° *Paul de Lorgeril*, chef de la branche du Vaulérault.

C

1° *Julie-Marie-Gabrielle de Lorgeril*, née à la Motte-Beaumanoir (Pleugueneuc. I.-et.-V.), le 16 Déc. 1806, morte au château de Lesquilly ou Lécly, en Pleugueneuc, le 19 Déc. 1886, âgée de 80 ans, épousa, avant 1833, *Edmond-Louis comte Le Mintier*, né en 1803, à Saint-Symphorien (I.-et.-V.), mort à Lécly, le 8 Janvier 1894, dans sa 91e année.

De ce mariage quatre enfants.
(D) 1° *Léon*, 2° *Edouard*, 3° *Juliette*, 4° *Marie Joseph*.

D

Léon, comte Le Mintier, né en 1833, marié à Milly (Manche), le 10 Juillet 1860, âgé de 27 ans, à *Marie-Charlotte du Hamel de Milly* (canton de St Hilaire), née en 1838, morte à Lécly, le 20 Janvier 1896, a eu, de ce mariage, dix enfants :

E

1° *Yvonne Le Mintier*, née à Milly en 1861, morte le 18 Janvier 1917 ; 2° *Fernand Le Mintier*, né à Milly en 1863, mort à Lécly, le 6 Mai 1868, âgé d'environ cinq ans ; 3° *Louise Le Mintier*, née le 13 Octobre 1864 ; 4° *Marie-Anne Le Mintier*, mariée à Pleugueneuc, en Novembre 1896, à *Fernand, comte de Montfort* ; dont :

F

Annick de Montfort, née à Lécly, en 1901.

E

5° *Fernande-Marie-Anne Pia Le Mintier*, née à Lécly, le 22 Septembre 1868, religieuse du Cénacle.

6° *Edmond*, 7° *Gabrielle*, 8° *Yves*, 9° *Marie-Bernadette*, 10° *Marthe Le Mintier*.

6° *Edmond, Vicomte Le Mintier*, né en 1870, marié en 1899, à Sotteville (Manche), à *Marguerite de Beaudrap*, dont six enfants :

F

1° *Bernard*, né à Sotteville, en Décembre 1900 ; 2° *Jacques*, né en 1902 ; 3° *Marie*, née le 6 Juin 1903 ; 4° *Léon*, né le 15 Mai 1904 ; 5° *Edmond*, né le 29 Janvier 1906 ; 6° *Fernande Le Mintier*, née le 19 Juillet 1908 Demeure : Château de Lécly, par Pleugueneuc (I.-et.-V.)

E

7° *Gabrielle Le Mintier*, née à Lécly, le 6 Mars 1872, a épousé *Pierre-Perrier d'Arc*, le 22 Février 1906.

8° *Yves-Joseph-Charles, Vicomte Le Mintier*, né à Lécly, le 16 Mars 1874, marié à Plesder (I.-et.-V.), le 21 Juillet 1897, dans sa 24e année, à *Germaine-Anne Blanchard de la Buharaye*, née à Rennes, le 28 Nov. 1874, dont :

F

1° *Yvon* (1898), 2° *Bernadette-Anne* (26 Oct. 1901), nés à la Buharaye, en Plesder ; 3° *Marie-Antoinette Le Mintier*, née le 13 Nov. 1904.

E

9° *Marie-Bernadette Le Mintier*, née à Lécly, le 11 Mai 1875, religieuse du Cénacle. 10° *Marthe-Marie Le Mintier*, née le 29 Juillet 1877 et morte à Lécly, le 20 Février 1879, dans sa deuxième année.

D

2° Le deuxième enfant de (C) Julie de Lorgeril, (fille de (B) Louis de Lorgeril, fils de (A) J. B. Thomas de Lorgeril et de Gabrielle de Kermarec) ; épouse de Edmond-Louis Le Mintier, fut : *Edouard-Marie Le Mintier*, né le 19 déc. 1834 et mort à la Motte-Beaumanoir, le 5 Juin 1840, dans sa sixième année.

3° La troisième enfant : *Juliette-Anne-Marie Le Mintier*, née le 31 Octobre 1837, mariée à Pleugueneuc, le 12 Juin 1876, au Vicomte *Achille-Marie-Joseph du Breil de Pontbriand*, ancien maire de Corseul (canton de Plancoët), et y demeurant au manoir de Monterfil, né en 1840, mort vers 1922.

De ce mariage deux enfants :

(E) 1° *Juliette*, 2° *Xavier du Breil de Pontbriand*

E

1° *Juliette du Breil de Pontbriand,* née à Lécly, le 17 Mai 1877, mariée à Corseul, le 6 Juin 1899, au comte *François Le Mintier de Léhellec*, dont trois enfants :

F

1° *Marie-Thérèse*, Mars 1900 ; 2° *Jean*, Nov. 1901 ; 3° *Gaston Le Mintier de Léhellec*, Déc. 1904 ; tous trois nés à Corseul *(* C.-d.-N. *)*.

E

2° *Xavier-Achille du Breil de Pontbriand*, né à Lécly, le 13 Juillet 1878, marié, le 5 Juillet 1905, à Juzet (Loire-Inférieure*)*, à *Noémi de Poulpiquet du Halgouët*, née le 19 Oct. 1884, fille du comte Amaury de Poulpiquet du Halgouët et de la comtesse, née Marie de la Touche Limousinière *(* château de Monterfil *)*, dont quatre eufants :

F

1° *Yves*, (22 Avril 1906) ; 2° *Marie-Thérèse*, (25 Juin 1907) ; 3° *Xavier*, (12 Juin 1909) ; 4° *Hubert du Breil de Pontbriand*, né en 1911.

D

4° La quatrième enfant de Julie de Lorgeril, épouse de Edmond Le Mintier, fut : *Marie-Joseph-Edmonde-Louise Le Mintier*, née le 2 Mars 1850 et tmorte à Lécly, sans alliance, le 28 Mars 1873, âgée de 23 ans.

C

La deuxième enfant de *(* B *)* Louis-François de Lorgeril, fils de (A) Jean Thomas,- époux de Gabrielle de Kermarec, fille de Claude-Joseph de Kermarec, fut :

Pauline-Marie de Lorgeril de la Motte Beaumanoir. « Elle naquit au château de la Motte-Beaumanoir, le 31 Mars 1808, nous dit son petit-fils, M. de la Messélière ; héritière, à la mort de ses père et mère, de la terre du Prémorel, en Plesder *(* I.-et.-V. canton de Tinténiac), et d'une partie des terrains occupés à Rennes par l'ancien hôtel d'Armaillé. Morte au Prémorel, le 30 Août ; et inhumée à Plesder, le 1er Septembre 1887.

Elle avait épousé à Rennes, le 11 Février 1840, *Joseph-Etienne, Vicomte de Chalus*, ancien magistrat, fils de Jean-Antoine de Chalus et d'Anne-Aimée de Trédern. Il était veuf d'Adélaïde Le Jar du Clesmeur. Il était né à Lamballe, le 1er Avril 1800, et mourut au Prémorel, le 14 Mars 1875. Il était dans sa 41e année, lorsqu'il se maria pour la seconde fois. Pauline de Lorgeril était dans sa 32e année.

De ce mariage, Pauline-Marie de Lorgeril a eu trois enfants : (D). 1° *Gabriel*, 2° *Louis*, 3° *Louise-Marie*.

D

1° *Gabriel de Chalus*, né à la Motte-Beaumanoir, le 12 Déc. 1840 ; mort à Rennes, le 26 Février 1860, dans sa 20e année.

2° *Louis, Vicomte de Chalus*, né à la Motte-Beaumanoir, le 2 Février 1842, ancien volontaire de l'Ouest, demeurant en 1904, à Landévennec (Finistère), marié à Crozon (id), le 10 Juin 1879, à *Ernestine Le Bastard de Mesmeur*.

De ce mariage sont nés six enfants :

E. 1° *Marthe* (13 Nov. morte le 26 Déc. 1881).

2° *Gabriel*, 3° *Anne*, 4° *Geneviève*, 5° *René*, 6° *Xavier de Chalus*.

E

2° *Gabriel-Joseph de Chalus*, né à Crozon, le 3 Déc. 1882, élève à l'école coloniale de Tunis, marié à Brest, le 22 Octobre 1906, à *Jacqueline de Laage de Bellefaye*, dont deux enfants :

F

1° *Renée-Geneviève*, née à Brest, le 1er Sept. 1907 ; 2° *Paul-René de Chalus*, né à Brest, le 10 Octobre 1910.

E

3° *Anne-Jeanne de Chalus*, née à Crozon, le 28 Déc. 1884, a épousé à Landevennec (Finistère), le 28 Nov. 1907, *Henri Dibart, comte de la Villetanet* (château de la Villegros ; en Sérent, Morbihan). De ce mariage sont nés, à la Villegros :

F

1° *Marie*, le 27 Déc. 1908 ; 2° *Yvonne*, le 28 Déc. 1909 ; 3° *Paul*, le 21 Janvier 1911 ; 4° *Henri*, le 17 Avril 1912 ; 5° *Charles Dibart de la Villetanet*, le 9 Août 1913.

E

4° La quatrième enfant de *(D)* Louis, Vicomte de Chalus, fut : *Geneviève-Louise de Chalus*, née à Landevennec, le 11 Novembre 1885 ; 5° *René de Chalus*, né à Landevennec, le 2 Octobre 1887, a épousé, à Vitré, en 1920, *Hélène Jarnouen de Villartay*. »

D

Revenant à Pauline-Marie de Lorgeril, dame Joseph de Chalus.

3° Sa troisième enfant : *Louise-Marie-Anne de Chalus*. Monsieur de la Messélière dit de sa mère, dans son recueil généalogique : « Née à Lamballe *(* C.-d.-N. *)*, rue Saint-Jean, N° 1, le 20 Janvier 1844, morte à Plesder, le 25 Avril 1906 ; mariée à Rennes, paroisse Saint-Sauveur, le 28 Novembre 1872, âgée de 28 ans, à *Paul Frotier, comte de la Messélière*, né à Poitiers, le 4 Septembre 1840. Engagé à Rome au régiment des zouaves pontificaux, en Janvier 1861, capitaine en 1867 ; passé avec son grade aux volontaires de l'Ouest, en 1870-1871 ; chevalier de Pie IX; décoré des médailles « Fidei et Virtuti » et « pro Ecclesia et Pontifice » ; décédé au manoir du Prémorel, le 13 Juillet 1904, et inhumé le 16 à Plesder ; second fils d'Eugène Frotier, marquis de la Messélière, capitaine d'état-major, démissionnaire en 1830, et de Louise Clémence de Ruffec de Brassac ; eut cinq enfants, tous nés au Prémorel. »

E. 1° *Gabriel*, 2° *Pierre*, 3° *Henri*, 4° *Marie-Louise*, 5° *Jeanne*.

E

1° *Gabriel Frotier, comte de la Messélière,* naquit au Prémorel en Plesder, le 8 Octobre 1873. Il était lieutenant au 48° de ligne, à Guingamp, lorsque la guerre éclata. Devenu chef de bataillon au 8e Tirailleurs algériens. Blessé à Dixmude ; croix de guerre avec palmes, chevalier de la Légion d'Honneur ; il se rendait en Orient avec des troupes. Son navire, le Calvados, fut torpillé le 4 Nov. 1915. Ce fut le premier navire coulé par les Allemands. Gabriel-Marie de la Messélière était célibataire.

2° *Pierre Frotier, comte de la Messélière* depuis la mort de son frère ; naquit au Prémorel, le 10 Février 1875. Il épousa à Augan (Morbihan), le 31 Janvier 1912, *Marie du Boisbaudry*. Il est (1923) propriétaire du château du Prémorel, où il demeure.

De ce mariage, sont nés :

F

1° *Marie-Antoinette*, au Prémorel, le 26 Déc. 1912; 2° *Marie-Anne-Solange*, le 21 Sept. 1914, décédée à Augan, le 14 Avril 1919 ; 3° *Alain*, né à Augan, le 8 Sept 1920; 4° *Solange-Marie de la Messélière*, née à Augan, le 14 Fév. 1922 et morte au Prémorel, le 26 Mars 1923.

E

3° Le Vicomte *Henri-Michel Frotier de la Messélière* naquit au Prémorel, le 2 Nov. 1876. Il fit ses études chez les jésuites, à Vannes, puis son droit à Rennes et fut reçu docteur en droit.

Dès son âge de quatorze ans, il s'occupa de généalogie, science pour laquelle il est passionné et dans laquelle il est passé maître. C'est de lui qu'est l'ouvrage, *Recueil généalogique*, qui m'a guidé et que je mets largement à contribution dans cette étude. (Voyez Préface pages 3 et 4.). Il s'occupe actuellement d'une publication : *Les Filiations Bretonnes* : Recueil des filiations directes des représentants actuels des familles nobles ou portant armoiries, d'origine bretonne ou résidant actuellement en Bretagne, depuis leur auteur vivant en 1650.

Le vicomte Henri de la Messélière a épousé à Saint-Brieuc, le 7 Octobre 1903, *Jeanne-Thérèse de Coatgourden*, née à Guingamp, le 17 Décembre 1881, fille d'Arsène-Marie de Coatgourden, ancien receveur principal des contributions indirectes en retraite, et de Jeanne Micault.

De ce mariage six enfants, tous nés à St-Brieuc :

F

1° *Anne-Marie*, le 20 Décembre 1904 ; 2° *Paul*, le 8 Janvier 1907 ; 3° *Yvonne*, le 6 Oct. 1903 ; 4° *Henriette*, le 8 Déc. 1911 ; 5° *François-Xavier*, le 17 Févr. 1915 ; 6° *Gabrielle-Anne*, 20 Février 1917.

Monsieur Henri de la Messélière demeure (1923) à Saint-Brieuc avec sa famille.

E

4° et 5° *Marie-Louise*, née en 1879, et *Jeanne-Marie de la Messélière*, née en 1881, demeurent ensemble à Plesder, dans une maison qu'elles viennent de faire construire.

C

3° Le troisième enfant de (B) Louis-François de Lorgeril et de Julie de la Forest d'Armaillé, fut d'après le recueil généalogique :

« *Léon, comte de Lorgeril de la Motte-Beaumanoir*, né à la Motte-Beaumanoir, le 21 Juillet 1809, page du roi Charles X, officier d'état major, capitaine de l'arnée d'Afrique de 1836 à 1842, démissionnaire en 1843 : entré au service du Saint Siège, comme capitaine d'état major, le 2 Juin, major le 21 Sept. 1860, aide de camp du général de la Moricière à Castelfidardo et au siège d'Ancône ; chevalier de la Légion d'Honneur, commandeur de l'ordre de Pie IX, décoré de la médaille « *Pro Petri sede* » *in oro*, mort sans alliance, à son château de la Motte-Beaumanoir, le 9 Septembre 1892, à l'âge de 83 ans, et inhumé, à Plesder, au même tombeau que ses père et mère. »

4° Le quatrième enfant de Louis-François de Lorgeril et de sa seconde épouse Julie-Perrine de la Forest d'Armaillé, (Nous continuons de citer), « *Charles-Marie, Vicomte de Lorgeril*, né à Rennes, le 20 Janvier 1812, eut en partage le château de la Bourbausaye en Pleugueneuc, où il mourut le 28 Avril 1886, âgé de 74 ans ; ancien officier de marine, chevalier de la Légion d'Honneur et de Pie IX. conseiller général d'Ille-et-Vilaine, pour le canton de Tinténiac, et maire de Pleugueneuc.

Il avait épousé : 1° au Légué (Plérin, Côtes-du-Nord) près Saint-Brieuc, *Polixène-Marie Rouxel de Villeferron*, morte en 1849, au Légué ; 2° *Gabrielle de Rouvroy*, en 1859 ; (1832-1859) ; morte quelques semaines après son mariage et inhumée à Plesder.

Du premier mariage naquit un fils unique :

D

Charles-Louis de Lorgeril, châtelain de la Bourbausaye, en Pleugueneuc et de Goudemail en Lanrodec (C.-d.-N.), naquit au Légué, le 11 Juin 1849. Il s'engagea, en 1870, aux Volontaires de l'Ouest, fut élu maire de Pleugueneuc, à la mort de son père ; conseiller général pour le canton de Tinténiac, et député d'Ille-et-Vilaine, pour la seconde circonscription de l'arrondissement de Saint-Malo. Le comte Charles de Lorgeril est mort, le 26 Août 1897, à son château de Goudemail, qu'il avait fait construire, vers 1880, dans un des plus beaux sites des Côtes-du-Nord ; et a été inhumé dans la chapelle de la Bourbausaye, dont il avait commencé la restauration, et où, peu de temps avant sa mort, il avait transporté les restes de son père, inhumé en 1886, dans le cimetière de Pleugueneuc.

Charles-Louis de Lorgeril avait épousé à Paris, le 2 Juin 1873, *Gabrielle-Marie Hurault de Vibraye ;* »

De ce mariage trois enfants :

E. 1° *Jacques*, 2° *Simon*, 3° *Yan de Lorgeril.*

E

1° *Jacques, comte de Lorgeril,* châtelain de la Bourbausais, né à Versailles, le 17 Avril 1874, officier de réserve au 13e hussards, épousa le 12 Décembre 1898, à Abbeville (Somme) : *Yvonne Hecquet de Beaufort*, dont six enfants :

F

1° *Guyonne*, née au Légué, le 5 Sept. 1899 ; 2° *Charles Hubert*, né au Légué, en 1901 ; 3° *Magdeleine*, née au Légué, en Août 1904 ; 4° *Eliane*, née le 8 Janvier 1909 ; 5° *Régis*, né le 11 Avril 1912 ; 6° *Jean de Lorgeril*, né à la Bourbausais, en Octobre 1915.

E

2° Le Vicomte *Simon de Lorgeril*, né à Cheverny en La Cour Cheverny (Loir-et-Cher) le 14 Juin 1875, châtelain de Goudemail, a épousé le 6 Février 1901, *Louise de Quelen de la Ville Chevalier*.

De ce mariage sont nés :

F

1° *Florian*, le 27 Juin 1907 ; 2° *Michel*, à Plouagat (C.-d-N.), le 11 Avril 1912 ; 3° *Louis-Hervé de Lorgeril*, à St-Brieuc, le 1er Fév. 1919.

E

3° *Jean* ou *Yan de Lorgeril*, né à Cheverny, en Juin 1878, a épousé *Germaine Gagnel*, dont :

F

1° *Bertrand*, né le 31 Janvier 1914 ; 2° *Geneviève*, le 10 Mai 1912. Tous les deux au Légué.

C

5° La cinquième enfant de Louis-François de Lorgeril, fut : *Louise de Lorgeril*, religieuse de St-Vincent de Paul, morte en Orient en 1852.

6° La sixième fut : *Agathe-Mathilde de Lorgeril*, née en 1818, morte à la Motte-Beaumanoir, le 22 Juin 1850, et inhumée le 24, à Plesder. Elle avait épousé à Rennes, en 1835, *Joseph-Adolphe de Ferron du Chesne*, né au château du Chesne-Ferron, (St-Carné, C.-d-N.), près Dinan, le 18 Déc. 1802, ancien juge au Tribunal Civil de Vitré, en 1828, démissionnaire en 1830, mort à Dinan en 1869.

Agathe-Mathilde de Lorgeril, femme de Ferron du Chesne, a eu six enfants :

D

1° *Olivier de Ferron du Chesne*, né à Dinan, en 1839, mort à Bône (Algérie), vers 1866.

2° *Bertrand* ; 3° *Mathilde* ; 4° *Adolphe* ; 5° *Louise* ; 6° *Charles de Ferron du Chesne*.

2° *Bertrand de Ferron du Chesne*, né à Dinan, le 11 Déc. 1840, engagé, le 10 Mai 1860, aux tirailleurs franco-belges ; au service du Saint-Siège, caporal le 2 Août 1860, passé avec son grade aux zouaves pontificaux, le 1er Janvier 1861, sergent le 21 Janvier, sous-lieutenant, le 19 Mars 1861, lieutenant le 25 Février 1865, capitaine au même régiment, le 29 Décembre 1866, adjudant-major, le 1er Janvier 1867. Bertrand de Ferron passa, le 15 Octobre 1870, avec son grade à la légion des volontaires de l'Ouest. Il avait pris part, en Italie, au combat de Castelfidardo, à l'affaire de Ponte-Correze, à la campagne de 1867, (Mentana) et à la défense de Rome contre les Piémontais (Septembre 1870) et eut à cette dernière bataille, une jambe traversée par une balle. Chevalier de Pie IX et de la Légion d'Honneur, décoré des médailles Pontificales " Pro Patri Sede " " Fidei et Virtuti " et " Pro Ecclesia et Pontifice ". Il demeurait en 1904, (année où est paru le Recueil Généalogique), à son château du Chesne-Ferron et était depuis de longues années, maire de la commune de Saint-Carné. Il a épousé à Rennes, en Avril 1872, *Sylvie de Liégeard* dont il a eu huit enfants :

(*E*) *1° Sylvie, 2° Yvonne, 3° Henri, 4° Germaine, 5° Louise, 6° Jeanne, 7° Madeleine, 8° Pierre de Ferron du Chesne.*

E

1° *Sylvie de Ferron du Chesne*, née à Rennes, le 13 Janvier 1873, morte à Dinan en 1903 ; mariée au Chesne-Ferron, le 22 Avril 1897, à *Henri-Guy Boscal de Réals*, né à Nantes, le 21 Avril 1872, lieutenant au 13e hussards à Dinan dont :

F

1° *Monique*, née le 19 Février 1899 ; 2° *Renée Boscal de Réals.*

E

2° *Yvonne de Ferron du Chesne*, née à Rennes, le 13 Février 1874, mariée au Chesne-Ferron, le 18 sept. 1899, à *Pierre Chauchard du Mottay*, né au château du Mottay (Evran C.-d.-N.). le 17 Mai 1868 ; lieutenant de réserve au 13e hussards, dont :

F

1° *Xavier*, (Nov. 1900) ; 2° *Bertrand*, (4 Sept. 1902) ; 3° *Henri*, (Août 1904) ; 4° *Yvonne Chauchard du Mottay*, (9 Sept. 1907). Tous nés au Chesne-Ferron.

E

3° *Henri de Ferron du Chesne*, né à Rennes le 11 Février 1875, mort jeune ; 4° *Germaine-Léontine de Ferron du Chesne*, née à Rennes, le 26 Mai 1877, mariée au Chesne-Ferron, le 28 Nov. 1901, au vicomte *Pierre de Cavelier de Cuverville*, lieutenant au 13e hussards, fils de Jules de Cavelier de Cuverville, Vice-Amiral, ancien sénateur du Finistère.

5° *Louise de Ferron du Chesne* ; 6° *Jeanne de Ferron du Chesne*, née à Rennes, le 5 Mai 1880, morte jeune.

7° *Madeleine de Ferron du Chesne*, née le 22 Avril 1882, a épousé au Chesne-Ferron, le 7 Octobre 1908, *Guy de Liénard*, officier de cavalerie, qui a été tué à Charleroi, le 22 Août 1914. Sans postérité.

8° *Pierre Bertrand de Ferron du Chesne* a épousé *L. Marnières de Guer.*

D

3° La troisième enfant de Mathilde de Lorgeril, dame Joseph de Ferron du Chesne, fut : *Mathilde de Ferron du Chesne*, née à Dinan, le 9 Juin 1842, mariée en cette ville, le 4 Fév. 1867, à *Clément-François Anger de Kernisan*, né le 19 Juillet 1827, procureur impérial à Redon ; mort conseiller à la cour d'appel de Rennes. De ce mariage, trois enfants :
(E) 1° *Mathilde*, 2° *Clément*, 3° *Marie Auger de Kernisan.*

E

1° *Mathilde Anger de Kernisan*, née en 1868, morte à Rennes, le 27 Février 1918, avait été mariée à Rennes, en Janvier 1894, à *Louis-Eudes d'Eudeville*, né en 1859, receveur de l'Enregistrement. De ce mariage sont nés :

F

1° *Marie-Thérèse* (Evran C.-d-N.), 26 Nov. 1897 ; 2° *Mathilde d'Eudeville*, (Château-Giron. I.-et-V.), 1901.

E

2° *Clément Anger de Kernisan* est mort âgé de un an.

3° *Marie-Anger de Kernisan*, née à Quimper, le 24 Juin 1874, épousa à Rennes, le 12 Janvier 1910 : *Alexandre de Béhague*, capitaine d'infanterie, dont postérité.

D

4° Le quatrième enfant de Agathe-Mathilde de Lorgeril, dame de Ferron du Chesne, fut : (Recueil généalogique) « *Adolphe-Louis de Ferron du Chesne*, né à Dinan, le 30 Mai 1843, engagé aux volontaires de l'Ouest, (anciens zouaves pontificaux) en 1870, blessé le 2 Sept., à Loigny, d'une balle qui lui traversa les deux jambes. Veuf d'*Angélique de Botherel de la Bretonnière*, mariée à Dinan, en 1873», dont il eut six enfants, tous nés à la Villa-Mauron, à Dinan :

E

1° *Olivier de Ferron du Chesne*, né en 1874, mort jeune ; 2° *Marguerite* ; 3° *Waldemar* ; 4° *Raphaël* ; 5° *Geneviève* ; 6° *Adolphe de Ferron du Chesne.*

2° *Marguerite de Ferron du Chesne*, née en Décembre 1876, mariée à Dinan, en Janvier 1902, à *Jacques-Alphonse Brunet de la Charrie*, veuf de Marguerite Le Grontec, dont :

F

Marie-Thérèse Brunet de la Charrie, née au château de Mortraise, près Châtelain (Mayenne), le 21 Octobre 1902.

E

3° *Waldemar de Ferron du Chesne*, né à Dinan, le 21 Avril 1877, épousa à Angers, le 25 Novembre 1904, *Germaine Delente*. Sergent d'infanterie territoriale, tué le 13 Avril 1915. Sans postérité.

4° *Raphaël de Ferron du Chesne*, né à Dinan, le 1er Juillet 1878, capitaine au 70e régiment d'infanterie, à Vitré. Tué le 9 Mai 1915.

5° *Geneviève de Ferron du Chesne*, née à Dinan, le 16 Août 1879, a épousé *Urbain Galin*.

6° *Adolphe de Ferron du Chesne*, né le 28 Sept. 1881, établi au Canada, en 1903, a épousé sa belle-sœur *Germaine Delente*, veuve en 1915 de son frère Waldemar.

D

5° La cinquième enfant de Agathe-Mathilde de Lorgeril, dame de Ferron du Chesne, fut (Recueil généalogique) : « *Louise de Ferron du Chesne*, née en 1845, à Dinan, morte au manoir de Beauregard, en St-Méloir des Ondes (I.-et-V.). Elle avait épousé, le 14 Déc. 1869, *Aristide, comte de Lantivy-Gillot de Kerveno*. »

De ce mariage, trois enfants, tous nés à Beauregard :

E

1° *René* ; 2° *Henri de Lantivy*, morts jeunes ; 3° *Charlotte de Lantivy-Gillot de Kerveno*, mariée le 29 Avril 1897, à Saint-Méloir des Ondes, au Comte *Robert Le Testu de Balincourt* ; dont cinq enfants, tous nés à Saint-Méloir des Ondes :

F

1° *Yves*, 7 Août 1898 ; 2° *Louise*, 11 Oct. 1899 ; 3° *Jeanne*, 1er Mars 1901 ; 4° *Tony*, 30 Juin 1903 ; 5° *Charles Le Testu de Balincourt*, 19 Août 1913.

D

6° Le sixième enfant de Agathe de Lorgeril, dame de Ferron du Chesne, fut : *Charles de Ferron du Chesne*, « né à Dinan en 1848, marié à Landujan (Canton de Montauban I.-et-V.), le 8 Mai 1876, à *Noémi de Guéhenneuc de Boishue*, dont quatre enfants : »

(E) 1° *Paule-Marie ;* 2° *Charlotte ;* 3° *Pierre ;* 4° *Yves de Ferron du Chesne.*

E

1° *Paule-Marie de Ferron du Chesne*, née à Léoville en Landujan, le 31 Mars 1878, a épousé à Rennes, le 25 Juillet 1907, *Jean Caudron de Coqueréaumont*, dont :

F

1° *Yves*, 12 Déc. 1908 ; 2° *Jacques*, 9 Mai 1910 ; 3° *Gérard*, 1911 ; 4° *Antoine de Coqueréaumont*, le 9 Déc. 1913. Tous nés à Rennes.

E

2° *Charlotte-Mathilde de Ferron du Chesne*, née à Léoville, le 8 Juillet 1881 ; 3° *Pierre de Ferron du Chesne*, né à Léoville, le 12 Juin 1884, a épousé à Rennes, le 4 Mai 1909, *Georgette de Gasté de la Palu* dont :

F

1° *Bernard*, né le 5 Mars 1910; 2° *Simone de Ferron du Chesne*, née le 7 Novembre 1913.

E

4° *Yves de Ferron du Chesne*, né en 1888.

C

1° Le septième enfant de (B) Louis-François de Lorgeril et de Julie-Marie de la Forêt d'Armaillé, fut :

(C) *Le vicomte Paul-Marie de Lorgeril*, chef de la brandu Vaulérault.

« *Paul 1er, vicomte de Lorgeril*, fils puîné de Louis-François Marie, comte de Lorgeril, de la Motte-Beaumanoir et de Julie-Marie de la Forest d'Armaillé, né à Rennes, le 9 Août 1830, docteur en médecine, chevalier de Pie IX, hérita de ses parents, de l'ancienne terre seigneuriale de la Colombière, en Pleugueneuc, et du domaine des Landes-Gimbert, en Plesder et Evran. Le vicomte Paul de Lorgeril a été, pendant dix ans, maire de Cancale, et habitait en 1904, à son château du Vaulérault en Saint-Méloir des Ondes. » Sa spécialité était les maux d'yeux. Mais il fut surtout médecin des pauvres pendant cinquante ans. On accourait à lui de tous les côtés. Sa consultation était de deux francs. Son tiroir était plein de pièces de deux francs dont une bonne partie s'en allait en bonnes œuvres. Il est mort au Vaulléraut, le 7 Nov. 1904.

Il avait épousé à Paris, le 16 Mai 1859, *Marie-Françoise Asselin de Villequier*, née à Paris, le 9 Mars 1840. Morte à Rennes en 1920.

De ce mariage douze enfants :

(D) 1° *Anne-Marie* ; 2° *Jeanne* ; 3° *Louis* ; 4° *Robert* ; 5° *Louise* ; 6° *Paul* ; 7° *Marie-Thérèse* ; 8° *Marguerite* ; 9° *Pia* ; 10° *Catherine* ; 11° *Magdeleine* ; 12° *Léon de Lorgeril*.

D

1° *Anne-Marie de Lorgeril*, née au Boulay-Morin, près Evreux, le 4 Août 1860, mariée à Saint-Méloir-des-Ondes, le 15 Janvier 1884, à *Emile de Laubier*, avocat à la cour d'appel de Rennes, propriétaire agriculteur au château du Coudray, en Langouët, canton de Hédé (I. et V.) ; mort le 12 Janvier 1921, au château du Coudray.

De ce mariage huit enfants :

(E) 1° *Léon* ; 2° *Jeanne* ; 3° *Marie-Thérèse* ; 4° *Louise* ; 5° *Louis* ; 6° *Dieudonné* ; 7° *Annick* ; 8° *Antoinette de Laubier*.

E

1° *Léon de Laubier*, né le 13 Février 1885, a été promu sous-lieutenant, le 2 Août 1915, cité à l'ordre du régiment et décoré de la Croix de guerre, le 28 Octobre 1915 ; passé à l'aviation en 1916, promu lieutenant au choix, en Février 1917, et cité à l'ordre de la Division, le 2 Mars 1917.

Le comte Léon de Laubier a épousé, à la cathédrale d'Évreux, le 19 Février 1919, *Marie-Thérèse Lucas de l'Estauville*. Dont :

F

Geneviève, née à Paramé, en Décembre 1919 ; 2° *Jean*, né en 1921 ; 3° *Bernard*, né en 1923.

E

2° *Jeanne de Laubier*, née le 27 Avril 1886, a épousé à Langouët, en Août 1917, *René de Beaudrap*, fils du capitaine de Beaudrap, démissionnaire à l'époque des expulsions, décédé; et de Anne de Cacqueray, de Macey (Manche). Ils demeurent au château des Bois-Nantiers, par Landelles (Calvados). Dont :

F

René, né en 1919; 2° *Madeleine*, née en 1920 ; 3° *Jeanne*, née en 1921 ; 4° *Hervé de Beaudrap*, né en 1923.

E

3° *Marie-Thérèse*, née le 25 Février 1889 ; 4° *Louise*, née le 18 Février 1892 ; 5° *Louis de Laubier*, né le 10 Décembre 1893, mort le 21 du même mois.

6° *Dieudonné de Laubier*, né le 4 Juin 1887. Engagé volontaire à dix-sept ans, puis lieutenant aviateur, a été cité à l'ordre du régiment et décoré de la croix de guerre, le 1er déc. 1915 et cité trois fois à l'ordre de la division en 1916 et en 1917, à Verdun, Douaumont, au chemin des Dames, à la Malmaison (Aisne).

7° *Annick de Laubier*, née en 1899 et 8° *Antoinette de Laubier*, née en 1902.

D

2° Deuxième enfant de Paul-Marie de Lorgeril, *Jeanne de Lorgeril*, née au Boulay-Morin, le 9 Nov. 1862, religieuse du Sacré-Cœur en Amérique. 3° *Louis de Lorgeril*, né au Boulay-Morin, le 21 Oct. 1864, mort au Vaulérault, le 12 Sept. 1883. 4° *Robert, vicomte de Lorgeril*, né au Boulay-Morin, le 4 Nov. 1866, propriétaire aux Diablaires en Bonnemain (I-et-V), a épousé, à La Lucerne (Manche), le 11 Avril 1893, *Marcelle Fouquet*, née en 1874, dont :

(E) *1° Michel, 2° Robert, 3° Simonne, 4° Jacques, 5° Joseph de Lorgeril.*

E

1° *Michel de Lorgeril*, né au Vaulérault, le 28 Mars 1894, a épousé *Madeleine Poulliandre de Carnières* dont :

F

1° *Guyonne*, née en 1920 ; 2° *Olivier*, né en 1921 ; 3° *Michelle*, née en 1923.

E

2° *Robert de Lorgeril*, né en Février 1895 et mort aux Diablaires, en Mai 1896. 3° *Simonne de Lorgeril*, née aux Diablaires, le 24 Nov. 1896, a épousé *Adrien de Courseulles*, dont :

F

1° *Jacques*. né en 1920 ; 2° *Marie-Antoinette de Courseulles*, née en 1923.

E

4° *Jacques de Lorgeril*, né à La Lucerne, le 15 Juillet 1899 et décédé à l'hôpital militaire de Rennes, le 26 Mars 1918. 5° *Joseph de Lorgeril*, né aux Diablaires, en 1908.

D

5° enfant de (C) Paul-Marie de Lorgeril : *Louise de Lorgeril*, née au Boulay-Morin, le 15 Janvier 1869, célibataire.

6° Le *vicomte Paul (II) de Lorgeril*, châtelain de la Motte-Beaumanoir en Pleugueneuc, né au Vaulérault, le 15 déc. 1870, docteur en médecine, ancien externe des hôpitaux de Paris, a épousé, 1° à Paris, le 4 Août 1897, *Marguerite de Vernot de Jeux*, décédée.

Premier mariage

E

De ce mariage, sept enfants : 1° *Marie*, née en 1898 ; 2° *Louise*, née en 1899 ; 3° *Lucienne*, née en 1900 ; 4° *Cécile*, née en 1902 ; 5° *Antoine*, né en 1903, décédé ; 6° *Clotilde*, née en 1905 ; 7° *Elisabeth*, née en 1909.

Deuxième mariage

E

Paul (II) de Lorgeril a épousé en secondes noces, *Sabine Le Jumeau de Kergaradec* dont : *Anne de Lorgeril*, née en 1914.

Troisième mariage.

Il a épousé, en troisièmes noces, *Geneviève Picot de Gouberville* dont :

E

1° *Joseph*, né en 1918 ; 2° *Odile*, née en 1921 ; 3° *Monique*, née en 1923.

D

7° Enfant de (C) Paul (1er) de Lorgeril : *Marie-Thérèse de Lorgeril*, née au Vaulérault, le 21 Octobre 1872, célibataire.

8° « *Marguerite de Lorgeril*, dit M. de la Messélière, née au Vaulérault, le 8 Oct. 1874, mariée à Saint-Méloir-des-Ondes, le 25 Sept. 1894, à *Charles Dartige du Fournet*, lieutenant de vaisseau, Chevalier de la Légion d'Honneur, fils de Louis-Auguste Dartige du Fournet, ancien inspecteur de l'Enregistrement, autorisé par décret du 27 Août 1877, suivi de rectification de l'État-Civil du 21 Novembre 1878, à joindre à son nom celui *du Fournet*, comme petit-fils d'une *du Fournet* et héritier de la dernière représentante de cette famille. »

De ce mariage, onze enfants :

E

1° *Charles Dartige du Fournet*, né au Vaulérault, le 12 Janvier 1896, qui a épousé *Marie Huyn de Verneville*, dont :

F

1° *Guy*, né en 1920 ; 2° *Monique* et 3° *Anne*, nées en 1921.

E

2° *Marguerite du Fournet*, née à Bizerte (Tunisie), le 31 Mars 1897, qui a épousé *Xavier de Beaudrap*, dont :

F

Marie de Beaudrap, née en 1923.

E

3° *Yvonne*, née le 2 Avril 1898, a épousé *Alain de Bournonville*, dont :

F

Joël de Bournonville, né en 1921.

E

4° *Louis Dartige du Fournet*, né au Vaulérault, le 15 Juin 1899 ; 5° *Jean*, né à Cherbourg, le 4 Oct. 1900 ; 6° *Odette*, née le 9 Avril 1902 ; 7° *Pierre*, né au château du Coudray en 1903, décédé ; 8° *Madeleine*, décédée ; 9° *Jeanne Dartige du Fournet*, née en 1910 ; 10° et 11°, *deux enfants*, morts au berceau.

D

9° La neuvième enfant de *(C)* Paul (1er) de Lorgeril et de Marie Asselin de Villequier : *Pia de Lorgeril,* née au Vauléraull, le 19 Octobre 1877, mariée à St-Méloir-des-Ondes, le 13 Février 1901, à *Maurice Huilard d'Aigneaux*, châtelain d'Aigneaux, près Bény-Bocage (Calvados), fils d'Henri Huilard d'Aigneaux et de Béatrix Achard de Vacogne.

De ce mariage sont nés :

E

1° *Henri*, au Vaulérault, le 23 Janvier 1902 ; 2° *Paul*, au Vaulérault, le 16 Février 1903 ; 3° *Robert*, le 9 Fév. 1904 ; 4° *Guillaume*, le 21 Sept. 1908 ; 5° *Jean Huilard d'Aigneaux*, né en 1913.

D

Les trois derniers enfants de Paul *(* 1er) de Lorgeril : 10° *Catherine*, née en Octobre 1879, et morte au Vaulérault, le 8 Juin 1880. 11° *Madeleine-Françoise*, née à la Motte-Beaumanoir, le 16 Juin 1882, célibataire. 12° *Léon de Lorgeril*, né au Vaulérault, le 4 Nov. 1884, décédé au Vaulérault, en Nov. 1903.

Section IIe

A

“ **Louise-Gabrielle de Kermarec de Traurout**, *(*v. page 50), veuve de *Jean-Thomas de Lorgeril*, mort au château de la Bourbausaye, le 29 Déc. 1779, épousa, en secondes noces, dans la chapelle du château de la Motte-Beaumanoir, en Pleugueneuc, le 16 Déc. 1783 : **Pierre-Joseph,** *Chevalier* **de Castellan**, capitaine des vaisseaux du roi, chevalier de Saint-Louis, né au château de Castellan, (Saint-Martin-sur-Oust, *(*Morbihan*)*, vers 1733, mort à Dinan, le 12 Avril 1812, ancien brigadier des armées navales, fils puîné de Messire Joseph de Castellan, chevalier, seigneur du dit lieu et de la Musse, et de Aubine-Françoise Hérisson des Chesnays. » Il avait été le compagnon d'armes de Jean-Thomas de Lorgeril, premier mari de son épouse, et était le tuteur de Louis de Lorgeril.

Louise-Gabrielle de Kermarec, mourut en donnant le jour à son deuxième enfant, à la Motte-Beaumanoir, le 28 Juillet 1786, dans sa 36e année.

De ce second mariage naquirent deux enfants :

(B) 1° *Ange-François*, 2° *Marie-Eléonore de Castellan.*

B

« 1° *Ange-François, comte de Castellan*, né à la Motte-Beaumanoir, le 2 Oct. 1784, (d'après le Recueil Généalogique), filleul, à Pleugueneuc, de Messire François-Claude de Kermarec, chevalier, seigneur de Traurout, son oncle et de Joséphine-Salomé de Castellan, dame de Traurout, sa tante. Il épousa, le 20 Octobre 1819, à Rennes, *Rosalie du Bois du Haut-Breil*, héritière de la terre de Québriac (canton de Tinténiac I.-et-V.), née à Fougères, le 27 Messidor an VIII (1800), morte à Rennès, le 25 Mai 1829. Son mari est mort à Québriac, le 8 Mai 1872.

De ce mariage, trois enfants :

(C) 1° Charles, 2° Julie, 3° Laure de Castellan.

C

1° *Charles (I.) de Castellan*, né à Rennes, le 19 Juillet 1822, mort à Québriac, le 22 Février 1911, chef de nom et d'armes, par suite du décès, sans postérité, du marquis de Castellan, son parent ; châtelain de Québriac, marié en 1850, à *Marie-Anne-Eléonor Sévoy*, (23 Février, à Lamballe) ; morte le 8 Oct. 1900. De ce mariage quatre enfants :

(D) 1° *Charles (II)*, 2° *Georges*, 3° *Marie-Angèle*, 4° *Berthe-Laure de Castellan.* »

D

Charles (II.) comte de Castellan, né à Québriac, le 8 Février 1851 et mort au même lieu, le 1er Juin 1905. Il avait épousé, le 29 Juillet 1885, *Marie-Anne de Suyrot du Mazeau*, morte à Nantes, en Mai 1894.

De ce mariage quatre enfants :

E

1° *Hervé de Castellan*, né au Mazeau, mort en Avril 1922, marié à *Jeanne Brard*, le 20 Septembre 1921 ; sans postérité.
2° *Jean de Castellan*, né au Mazeau, en Août 1889, a épousé, le

16 Oct. 1922, *Yvonne de Saint-Mirel* ; 3° *Pol de Castellan*, né au Mazeau ; 4° *Charlotte de Castellan*, née au Mazeau, en Juin 1888, a épousé, à Nantes, le 20 Août 1910, *Jacques, Vicomte de Forges*, qui est mort à Rennes, le 28 Décembre 1918. De ce mariage :

F

Paul de Forges, né en Juin 1912, réside avec sa mère au château du Plessis, par Allaires. (Morbihan).

D

Le 2e enfant de Charles (I.) de Castellan : *Georges (I.)-Charles, vicomte de Castellan*, châtelain du Grand-Chesnay, en St-Donan, près St-Brieuc, né à Québriac, le 27 Juillet 1861, mort à Rennes, le 27 Juin 1923, avait épousé le 9 Oct. 1888, à Lannéanou, (Finistère), *Jeanne de Parcevaux*, née à Kéruscar, le 13 Mai 1862.

De ce mariage, deux enfants :

E

1° *Georges (II) de Castellan*, né à Québriac, le 14 Janvier 1893, a épousé *Renée d'Amphernet*, le 23 Avril 1919 ; 2° *Charles de Castellan*, né à Rennes, le 12 Février 1900.

D

La 4e enfant de Charles (I) de Castellan et de Marie-Anne Sévoy fut :

Marie-Angèle de Castellan, née à Québriac, (I.-et-V.) en 1850, morte le 14 Août 1889, avait épousé à Québriac, le 25 Sept. 1877, *Pol Potier, baron de Courcy*, né à Saint-Pol de Léon, le 12 Mars 1848, mort au manoir de Kervezec en Garlan, près Morlaix, (Finistère), le 23 Oct. 1900.

De ce mariage six enfants : (E) 1° *Amice*, 2° *Pol*, 3° *Maurice*, 4° *Tanneguy*, 5° *Marie*, 6° *Madeleine*.

E

1° *Amice (I) Potier de Courcy*, née le 12 Août 1879, a épousé, en juillet 1899, *Hervé Abrial*, né à Vincennes, en Janvier 1869, officier d'artillerie, tué à l'ennemi, le 27 Août 1916. Résidence : Kervezec.

De ce mariage, cinq enfants :

F

1° *Frédéric*, né le 5 Août 1901, mort jeune ; 2° *Hervé*, né le 6 Août 1906 ; 3° *Gildas*, né le 29 Mai 1908 ; 4° *Marie*, née le 7 oct. 1911 ; 5° *Amice (II) Potier de Courcy*, née le 19 Novembre 1912.

E

Amice (I) Potier de Courcy a épousé en secondes noces, *Charles Dumolard de Bonviller*.

D

2me enfant de Pol de Courcy et de Marie-Angèle de Castellan : *Pol (II) de Courcy*, né le 17 Mars 1881, à Kervezec, mort le 8 Décembre 1903, à Paris ; 3° *Maurice de Courcy*, né le 22 Sept. 1883, mort le 15 Février 1902 ; 4° *Tanneguy de Courcy*, né à Kervezec, le 5 Mai 1884, lieutenant d'infanterie coloniale, marié le 12 Décembre 1920, à *Yvonne du Brandiez*, née en 1895. Dont :

F

Marguerite de Courcy, née le 1er Oct. 1922.

E

5° *Marie de Courcy*, née en 1886, morte le 23 Février 1917.

6° *Madeleine Potier de Courcy*, née le 12 Février 1888, a épousé, à Kervezec, le 19 Fév. 1914, *Camille Cochet d'Hattecourt*, sans postérité. Résidence, en Tunisie.

D

La 4e enfant de Charles de Castellan (C), fils de B Ange de Castellan, fils de A Gabrielle de Kermarec, fut : *Berthe-Laure de Castellan*, née à Québriac, le 19 Août 1852, morte à Kérascol (près Brest, Finistère), le 24 Mai 1913, mariée à Québriac, en 1881, à *Raoul de Bergevin*, né le 19 Août 1843, officier d'administration en retraite, mort à Kérascol, le 21 Juin 1910.

De ce mariage, trois enfants :

(E) 1° *Berthe*, 2° *Raoul*, 3° *Gabrielle de Bergevin*.

E

1° *Berthe de Bergevin*, née en 1883, a épousé, le 29 Avril 1908, *Antoine-Joseph Chéreil de la Rivière*, dont :

F

Antoinette Chéreil de la Rivière, née en 1909.

E

2° *Raoul de Bergevin*, né en 1887, a épousé, le 1er Fév. 1911, *Marie de Lausanne*, née en 1891, à Morlaix, dont :

F

1° *Olivier*, né le 31 Janvier 1912 ; 2° *Raoul* ; 3° *Guénolé de Bergevin*.

E

3° *Gabrielle de Bergevin*, née en 1891, à St-Brieuc, célibataire.

C

La 2e enfant de Ange de Castellan et de Rosalie du Bois-du-Haut-Breil, fut : *Julie de Castellan*, née à Rennes, le 29 Juin 1829, qui épousa *Léon Burot de Carcouët*.

De ce mariage, deux enfants :

D

1° *Léon de Carcouët*, mort sans alliance ; 2° *Georges, Vicomte de Carcouët*, châtelain de la Noue, (près les Essarts. Vendée), marié à *Jeanne de Terves*.

De ce mariage, trois enfants:

E

1° *Marie Burot de Carcouët*, née en 1885, mariée en 1905, à *Raymond Letard de la Bouralière*, officier d'artillerie, dont plusieurs enfants.

2° *Léon*, 3° *Jean ou Maurice de Carcouët*, né en 1892.

C

3° enfant : *Laure de Castellan*, mariée à *Alexandre-Charles, comte d'Andigné de Beauregard*.

De ce mariage, deux enfants : 1° *Charles*, 2° *Marguerite d'Andigné*.

D

1° *Charles, comte d'Andigné de Beauregard*, mort à Kervezo, en Muzillac, (Morbihan), le 23 Déc. 1902, avait épousé, en 1872, *Gabrielle-Rouxelle de Lescouët*.

De ce mariage, deux enfants : (E) 1° *Roger*, 2° *Guy*.

E

1° *Roger, comte d'Andigné*, marié le 9 Janvier 1902, à *Marie Martin Lauzer* dont :

F

Charles d'Andigné.

E

2° *Guy, vicomte d'Andigné*, qui a épousé une demoiselle de *Ferron.*

D

2° *Marguerite d'Andigné*, fille d'Alexandre d'Andigné et de Laure de Castellan (C), mariée, en 1873, à *Casimir, comte de la Fruglaye*, mort à Taleusac, (I.-et-V., en 1901.)

De ce mariage, huit enfants.

1° Un fils : *Guy de la Fruglaye*, mort âgé de 9 ans, au manoir des Tourelles ; et sept filles, avec lesquelles la maison de la Fruglaye tombe en quenouille.

2° *Marie de la Fruglaye*, épousa M. de *l'Estourbeillon* ; 3° *Germaine*, célibataire ; 4° *Magdeleine*, a épousé M. *de Becdelièvre* ; 5° *Marthe*, a épousé M. *Forbs* ; 6° *Jeanne* ; 7° *Yvonne*, religieuse ; 8° *Marguerite de la Fruglaye*, a épousé *M. Couasnon*, docteur-médecin, à Janzé, (Ille-et-Villaine).

(A). **Louise-Gabrielle de Kermarec de Traurout,** (v. p. 50), avait épousé, en secondes noces, **Pierre-Joseph de Castellan,** dont elle eut deux enfants :

(B) 1° *Ange-François de Castellan* dont nous venons d'établir la postérité, et

2° — B

Recueil généalogique « *Marie-Eléonore-Victoire de Castellan*, née à la Motte-Beaumanoir, en Pleugueneuc (I.-et-V.), le 28 Juillet 1786. Sa mère mourut en lui donnant le jour. Elle fut baptisée le 28 Juillet et eut pour parrain messire Louis-François de Lorgeril, son mi-frère et pour marraine, Jeanne-Eléonore-Victoire de Bréal des Chapelles, dame de Kermarec des Tronchays, épouse de Jean-Baptiste-Félicité de Kermarec, l'émigré. » - Elle épousa *Honorat Le Frotter*, fils de Claude Le Frotter, écuyer, et de Marie-Jeanne de Coniac de Trébua.

De ce mariage, une seule fille :

C

Honorine-Emilie Le Frotter, née à Saint-Brandan, canton de Quintin (C.-d.-N.), le 27 Oct. 1815, morte au château de Grénieux, en St-Brandan, le 14 Août 1894. Elle avait épousé *Pierre Garnier de Kérigant*, fils de François Garnier de Kérigant et d'Elisabeth Le Texier du Boscenit. De ce mariage : une seule enfant.

D

Berthe Garnier de Kérigant. née à Quintin (I.-et-V.), le 27 Janvier 1838. Elle épousa, à Quintin, le 27 Juillet 1857, dans sa vingtième année, *Hyacinthe Moraud, vicomte de Callac*, ancien colonel, mort à Rennes, le 8 Mars 1886. La vicomtesse de Callac, âgée de 85 ans, demeure au château de Grénieux, c'est elle qui a bien voulu nous donner (24 Décembre 1923), les renseignements présents. L'ancienne demeure, dont il sera question dans la biographie de Léandre de Kermarec, a été détruite, et le château actuel rebâti.

De ce mariage sont nés trois enfants :

E

1° *Un fils*, qui est mort très jeune.

2° *Yves-Moraud de Callac*, lieutenant-colonel de cavalerie en retraite, célibataire.

3° *Berthe Moraud de Callac*, a épousé *M. de la Grandière.*

CHAPITRE IV

Casimir-Pierre de KERMAREC

(Oncle de notre grand'mère)

A

C'est à Saint-Brieuc que naquit le quatrième enfant de Claude-Joseph de Kermarec et de Françoise-Bertho de la Cornilière (V. p. 35). Il fut baptisé à Saint-Michel de Saint-Brieuc, le 13 Janvier 1753. Il est qualifié dans certains actes, de seigneur de Traurout.

Il était capitaine au régiment d'Agenois, lorsque il épousa le 14 Mars 1786, âgé de 33 ans, à Fougères, *Jeanne-Michelle Renée de la Tuollais.*

De ce mariage naquit, le 21 Mai 1792 :

B

Charles-Henry de Kermarec, qui est mort jeune.

A

Jeanne de la Tuollais est morte après 1803, puisqu'il est question d'elle dans le testament de sa belle-mère fait à cette époque ; et avant le 3 Mai 1823, jour du décès de son mari, qualifié: Veuf de Jeanne de la Tuollais; dans l'acte de décès.

Il est certain que Casimir reçut chez lui comme enfant adoptive, la troisième enfant de son frère Léandre : Félicité de Kermarec, née au village de la Bretonnière en Laignelet, (canton de Fougères) et décédée à Fougères, le 2 Mai 1807, dans sa dixième année.

Il est non moins certain que la fille aînée de Léandre: Thérèse de Kermarec, fut aussi adoptée par Casimir, après la mort de Agathe de Kermarec, chez qui elle habitait, mort arrivée le 13 Mai 1806. - Les legs, faits dans le testament de Françoise-Bertho de la Cornilière, l'indiquent et les faits sont prouvés par les actes officiels.

Monsieur le baron Le Bouteiller, châtelain du Boisfévrier, commune de Fleurigné, canton de Fougères, me répondait à une demande de renseignements, le 25 Octobre 1921 :

.... Jeanne de la Tuollais avait pour sœurs, Mesdames Rallier et le Beschu de la Rallais et pour frères, Louis de la Tuollais qui fut chef des soldats royalistes sous Boisguy et, (je crois), M. de la Tuollais qui fut le père de Madame le Pays du Tilleul.

Casimir signa en 1789, le 27 Juillet, à Fougères, la protestation de la noblesse. Il entra dans la conjuration de la Rouérie.— Il prit part part au soulèvement du 19 Mars 1793, à Landéan.— Arrêté comme suspect la nuit suivante, puis mis en liberté.

Comme son beau-frère, M. Rallier, il paraît avoir passé tranquillement le reste de la Révolution à Fougères, sans être mêlé au soulèvement de la Chouannerie, faisant le plus de bien possible, mais se faisant oublier dans ces temps agités. On le voit, le 26 Décembre 1793, chargé de s'occuper de la literie des troupes séjournant à Fougères.— En 1794, il est sergent-major de la garde nationale. Sa femme fait, en 1795, partie de l'agence de secours et de bienfaisance. — Il paie 400 francs d'emprunt forcé en 1795. — Cependant des fouilles sont faites le 15 Décembre 1797, chez lui, rue de l'Egalité, (aujourd'hui rue Châteaubriand).

Plus tard, en 1824, il habita la maison Petit, au bas de la grande rue et c'est là sans doute qu'il est mort.- Il signe comme témoin au baptême de Félicité de Kermarec et à celui de Marie-Louise du Pontavice, administrés tous les deux, le 30 Juillet 1797, par M. Duval, curé insermenté de Laignelet, qui fut assassiné à la fin de la Révolution.

En Janvier 1800, il est sous-lieutenant de la 1ère compagnie de la garde nationale, et demande la levée de l'état de siège de Fougères.

Il salua avec joie la Restauration et fut nommé conseiller municipal en 1815.- Il fut nommé chevalier de Saint-Louis - Le 9 Janvier 1816, mon grand-père paternel écrit : « Le buste de Sa Majesté Louis XVIII était porté samedi dernier par MM. Rallier et de Kermarec, chevaliers de Saint-Louis, escorté des autorités et de toute la garde nationale, au bruit des cloches et du canon et fut déposé à l'Hôtel-de-Ville en passant par Saint-Léonard. » Feu le soir et illumination. Je possède encore un drapeau blanc à écusson de France, qui fut à cette occasion arboré au balcon de l'hôtel de mon grand-père.

Ce dernier écrit encore : « Notre société de Fougères s'est séparée ; quelques personnes s'offusquaient de l'admission dans son sein de quelques dames et plusieurs ont pris le parti de ne pas aller dans les assemblées où elles étaient admises.

D'après ce parti qui paraît pris, cela fait deux sociétés qui se donnent séparément les assemblées et les plaisirs. Toutes les dames de Pontavice, Melle de Kermarec (sans doute Thérèse), Melle le Bouteiller, sont du parti récalcitrant et elles font un vide considérable. »

Je vous donne ces petits détails, pensant qu'ils peuvent vous intéresser.

Monsieur et Madame de Kermarec donnèrent, en 1806, à Saint-Léonard, une relique de la Vraie Croix avec son reliquaire ; et chaque fois que l'on donnait la bénédiction, on achevait la cérémonie par un Pater et un Ave à leur intention. J'ai bien des fois entendu dire cette prière. Cet usage n'a cessé qu'après la guerre de 1870, lorsque le reliquaire fut volé avec plusieurs vases sacrés.

Monsieur de Kermarec faisait partie du cercle dit "Société de lectures". Le registre des membres de cette société porte qu'il mourut en 1823. Il fut remplacé, le 16 Mai 1825, par Monsieur du Breil de Pontbriand de la Caunelaye.

ACTE DE DÉCÈS DE CASIMIR de KERMAREC

Le trois Mai mil huit cent vingt trois, à dix heures du matin, devant nous, maire et officier de l'état-civil de la commune de Fougères, ont comparu Messieurs Louis-Joseph Lebeschu de Champ-Savin, chevalier de l'ordre de Saint-Louis et député du département d'Ille-et-Vilaine, âgé de soixante-sept ans, qui a dit être beau-frère du défunt, et François-Jean-Marie des Bouillons, avocat, âgé de cinquante-huit ans.

Tous les deux demeurant à Fougères ; lesquels nous ont déclaré que Messire Casimir-Pierre de K/marec, chevalier de l'ordre royal et militaire de Saint-Louis, âgé de soixante-dix ans, né à Saint-Brieuc, département des Côtes-du-Nord, fils de feu haut et puissant seigneur Claude-Joseph de K/marec et de dame Françoise Bertho, dame de la Cornilière, et veuf de demoiselle Jeanne-Michel-Renée de la Tuollais, est décédé en son domicile, rue Royale, ce jour, à huit heures du matin et ont les déclarant signé avec nous le présent acte après lecture.

Suivent les signatures.

CHAPITRE V

Hippolyte-Marie de KERMAREC

(Oncle de notre grand'mère)

Né le 3, et baptisé à Saint-Michel de Saint-Brieuc, le 4 Mars 1754, il épousa, le 30 Mars 1785, à Saint-Sauveur de Rennes, *Marie-Gabrielle Le Mélorel de la Haichois.*

EXTRAIT DES REGISTRES PAROISSIAUX
de SAINT-SAUVEUR DE RENNES
1784-85 fol° 6 recto.

Mariage de Hippolyte de K/marec

Soussigné, recteur de cette paroisse et grand pénitencier du diocèse de Rennes, j'ai ce jour, trente Mars 1785, reçu les promesses du futur mariage, renvoyées au jour et avant la bénédiction nuptiale par permission de Monseigneur l'Evêque de Rennes, entre Messire Hypolithe-Marie de Kermarec de Traurout de la Balluère, né le 3 Mars 1754 et baptisé le 4, dans la paroisse de Saint-Michel de la ville de Saint-Brieuc, domicilié de la paroisse de Broons-sur-Vilaine, diocèse de Rennes, fils majeur de feu haut et puissant seigneur : Messire Claude-Joseph de Kermarec, comte de Traurout, la Demi-Ville, les Tronchays, Montmorel et autres lieux, conseiller honoraire au Parlement de Bretagne et de haute et puissante dame Françoise Bertho, dame de la Cornilière, du Gros-Chêne et autres lieux.

Et

Demoiselle Marie-Gabrielle Le Mélorel de la Haichois, née le six Novembre 1749 et baptisée le lendemain dans la paroisse de Saint-Aubin-des-Châteaux, diocèse de Nantes, fille de feu haut et puissant seigneur Messire Jullien Pierre Le Mélorel de la Haichois, lieutenant-colonel d'Infanterie, chevalier de l'ordre royal et militaire de Saint-Louis et de feüe haute et puissante dame Thérèse-Marie-Françoise Du Cellier, domiciliée de cette paroisse.

Vu le consentement de Mme Bertho de Traurout, mère de M. Hypolithe Marie de K/marec de Traurout, son fils, en date du 17 de ce mois. Et ensuite j'ai administré la bénédiction nuptiale aux dittes parties après 3 proclamations dudit mariage faittes canoniquement et sans opposition, dans cette paroisse et dans celle de Broons, vu le certificat du Sr Duchemin, curé d'icelle en date du jour d'hyer.

La cérémonie faite en présence des soussignés en nombre compétent.

Marie Gabriel Le Mélorel de la Haichois

Hippolite K/marec de la Balluère

Le Mélorel de la Haichois, frère de la mariée. De K/marec de Traurout - Jacquelot de Traurout - Bréal des Tronchays - K/marec des Tronchays - Girard Le Mélorel - De Massar du Dezerseul - Massar de Tredern. - Le chevalier de Tredern, cousin germain par alliance du côté de la contractée - Marguerite de Trédern - Elisabeth de Trédern - Marie-Jeanne-Charlotte-Gabrielle Leziart du Dezerseul - Aubry de Vildé.

Lebarbier recteur

Marie-Gabrielle Le Mélorel de la Haichois, épouse de Hippolite de Kermarec, mourut à Rennes, avant son mari, le 28 Avril 1835, dans sa 86e année.

(La Haichois. Mordelles. Ille-et-Vilaine).

Hippolyte de Kermarec mourut à Rennes, le 22 Janvier 1840, âgé de 85 ans.

C'est lui qui mourut le dernier des enfants de Claude Joseph, neuf mois après Léandre de K/marec, notre bisaïeul.

Acte de décès, copié en mairie de Rennes, le lundi 9 Mai 1921.

Le 23 Janvier 1840, à 10 heures et demie du matin, devant nous adjoint et officier de l'Etat civil, délégué de M. le maire, ont comparu J.-B. Portier domestique, âgé de 40 ans, demeurant rue Mélaine et Jean-Marie Baudoin, domestique, demeurant rue de Fougères, lesquels nous ont déclaré que M. Hippolyte Marie de K/marec de Traurout, âgé de 85 ans dix mois, veuf de Dame Marie Gabrielle Le Mélorel de la Haichois, né à Saint-Brieuc, (C.-d.-N.), fils de feu Claude de K/marec de Traurout et de Dame Bertho est décédé, rue de Fougères, n° 1er, hier au soir à 8 heures et demie. Et ont les déclarants signé avec nous.

Potier Baudoin

Lourdivard

Du mariage Hippolyte de Kermarec et Marie-Gabrielle Le Mélorel de la Haichois sont nés deux enfants : *1° Joseph*, *2° Hippolyte*.

B

1° *Joseph-François de Kermarec* naquit à Rennes, le 11 Avril 1788 et fut baptisé le lendemain, en l'église Toussaint de Rennes.

EXTRAIT DES REGISTRES PAROISSIAUX
de TOUSSAINT DE RENNES
1788-fol° 23

Baptême de Joseph-François de Kermarec

Joseph-François-Marie, fils de Messire Hippolyte.-Marie de Kermarec, chevalier de Traurout, baptisé, paroisse St-Michel, ville de Saint-Brieuc, mois de Mars 1754, et de Dame-Marie-Gabrielle Le Mélorel, son épouse, baptisée en Octobre 1749, paroisse St-Aubin-des-Châteaux, évêché de Nantes, mariés au mois de Mars 1785, paroisse St Sauveur de Rennes.

Né d'hier, a été baptisé ce jour 12 Avril 1788. Parrein Messire Joseph Marie Le Mélorel, chevalier, seigneur de la Haichois, cousin germain de la mère et paternel et maternel ;

Marreine dame Françoise-Marie-Charlotte Bertho de la Cornillière, dame de Traurout, aïeule paternelle de l'enfant, le père présent.

Signatures :

Bertho de Traurout - Lemélorel de la Haichois - Jacquelot de Traurout - De Bréal de Kermarec des Tronchays - Freslon Kermarec de Lezoudec - De Massar Du Dezerseul - De Kermarec de Traurout, oncle paternel - De Kermarec de Lezoudec, oncle paternel - Le chevalier de Tredern, ancien capitaine de régiment de Picardie, cousin germain au paternel par alliance.

Hippolyte-Marie Kermarec.

Rebulec,
curé

Joseph-François-Marie de Kermarec devint président à la cour royale de Rennes, chevalier de la légion d'honneur. Il mourut à Rennes, le 15 Août 1845.

Il avait épousé à Rennes, le 15 Décembre 1810, âgé de 22 ans, *Victorine-Rosalie-Marie Hay de Bontevile*, née en Saint-Jean de Rennes, le 4 Déc. 1788, morte à Rennes, le 25 Déc. 1866, âgée de 78 ans. Elle était, comme son époux, âgée de 22 ans, lorsqu'elle se maria.

De ce mariage sont nés cinq enfants.

(C.) 1° *Marie-Louise*, 2° *Victorine*, 3° *Hippolyte*, 4° *Pauline*, 5° *Raoul*.

C

1° Marie-Louise, 2° Victorine de Kermarec étaient deux sœurs jumelles. Elles naquirent à Rennes, le 4 Octobre 1811. Elles étaient célibataires et demeuraient ensemble à l'hôtel de Caradeuc. Victorine-Marie-Gabrielle mourut la première en 1871, âgée d'environ soixante ans.

Marie-Louise de Kermarec que j'ai vue à Rennes en 1878, (V. Préface p. 1.) mourut en 1879, âgée de 68 ans.

3° Hippolyte-Félicité de Kermarec naquit à Rennes en 1813. En 1837, lors de la mort de son oncle Jean-Baptiste-Félicité, il est avocat à Rennes, âgé de vingt-quatre ans, rue de Fougères. Il fait connaître à l'état-civil le décès de son oncle, 29 Mars 1837. Le 18 Juin de la même année, il fut parrain de sa cousine issue de germaine, Anna de Kermarec, à Ancenis.

Plus tard, Hippolyte fut avocat à la cour de Paris, membre de l'assemblée constituante, en 1848. Il est mort en 1877, âgé d'environ 64 ans.

Notre cousin, M. Ivan Carof, m'a donné son portrait.

4° *Pauline-Julie de Kermarec*. Héritière, du chef de son père, des anciens manoirs et métairies de la Forière, en Andel (C.-d.-N.) et des Tronchays, en Morieux (C.-d.-N.) Elle naquit en 1815. Elle est morte le 4 Oct. 1889, au château de Kergadiou près Lamneur (Finistère). Elle avait épousé à Rennes, le 31 Juil. 1843, *Adrien-François-Joseph de Mauduit du Plessis*, né à Hennebont, le 20 Mars 1814, fils d'Adrien Mauduit du Plessis et d'Anne-Marie de Talhouët Grationnaye.

De ce mariage sont nés 3 enfants :

(D) 1° *Adrien*, 2° *Hippolyte*, 3° *René Victor.*

D

1° *Adrien-Joseph-Marie de Mauduit du Plessis* naquit à Nantes, le 22 Avril 1845. Il fut volontaire de l'Ouest, en 1870-71. Il épousa en 1873, à Nantes, le 28 Juillet, *Berthe-Marie de Cornulier*, dont il n'a pas eu d'enfant. Il est mort en 1912.

2° *Hippolyte-Thomas-Marie de Mauduit du Plessis*, ancien officier d'infanterie, non marié, demeurait à Nantes en 1912.

Il était né le 1er Août 1846, et est mort, le 28 du mois de Janvier 1920, au château de Kergadiou, laissant une succession de 400000 francs.

Il était le dernier descendant d'Hippolyte de Kermarec.

C'est de ce Monsieur de Mauduit du Plessis dont il est question dans la Préface de ce livre (V. pages 2, 3.)

3° *René-Victor de Mauduit du Plessis*, enseigne de vaisseau, est mort au château de Kergadiou, en 1905.

C

Un cinquième enfant de Joseph-François de Kermarec et de Victorine-Rosalie-Marie-Hay de Bonteville fut : *Raoul de Kermarec.*

Tout ce que je sais de Raoul de Kermarec, c'est qu'il jouait à la Bourse et qu'il est mort vers 1859. Il n'y a certainement pas de ses descendants actuellement.

B

Un second fils de Hippolyte de Kermarec et de Marie Gabrielle Le Mélorel de la Haichois fut *Hyppolite Marie de Kermarec*, né en Saint-Sauveur de Rennes, le 19 Décembre 1792, et dont il n'y a certainement pas de descendant actuel.

CHAPITRE VI

A

Agathe-Claudine de KERMAREC de Traurout

(*Tante de notre grand'mère.*)

Elle naquit à Plélo, le 22 Août 1755, et fut également baptisée à Plélo. Nous voyons par le testament de sa mère qu'elle habita le château de la Balluère en Broons, canton de Châteaubourg (I.-et-V.). Je regarde comme certain, d'aprés le même testament que nous donnons plus loin, à la biographie de Léandre de Kermarec, qu'elle eut chez elle notre grand'tante, Thérése-Françoise de Kermarec, laquelle fut adoptée par Casimir de Kermarec, après la mort d'Agathe.

Elle mourut avant sa mère, à Broons-sur-Vilaine, arrondissement de Vitré, le 18 Mai 1806, dans sa 51e année.

CHAPITRE VII

Jean-Baptiste-Félicité de KERMAREC de Traurout

(Oncle de notre grand'mère.)

A

Jean-Baptiste-Félicité de Kermarec, chevalier, seigneur des Tronchais, *l'Emigré*, naquit à Plélo, le 8 Août 1757, et fut nommé le 28 Septembre suivant. il fut officier au régiment de Cambraisis, comme le montre la pièce suivante :

Par ordre de Son Excellence le ministre de la guerre,

Le secrétaire général du Ministère

Certifie à tous qu'il appartiendra que, suivant un contrôle déposé aux archives de la guerre, les services de M. Jean-Baptiste Félicité Kermarec de Trorou, né à Plélo, le 8 Août 1857, sont constatés ainsi qu'il suit, savoir :

Sous-lieutenant au régiment de Flandres dédoublé avec Cambraisis, le 4 Avril 1774. Lieutenant en 2e le 20 Sept. 1778. Lieutenant le 19 Février 1782. Il a quitté le corps en 1783.

En foi de quoi il a été délivré le présent certificat, pour servir et valoir ce que de raison.

Fait à Paris, le treize Avril mil huit cent seize.

L'Inspecteur aux revues, secrétaire général.

Vu : Labaris,

Jean-Baptiste-Félicité, venait d'être nommé lieutenant lorsqu'il épousa, au château de la Bretesche (St-Symphorien I.-et-V.) le 23 Avril 1782, *Jeanne-Eléonore-Victoire de Bréal des Chapelles*, née en St-Aubin de Rennes, le 25 Novembre 1757. Les époux étaient tous deux dans leur vingt-cinquième année.

Pendant la révolution, il servit parmi les émigrés, comme le prouvent les pièces suivantes.

Nous, soussigné, Pierre-Jean Martial de la Motte, Mis de Montmurand, ancien capitaine de cavalerie, chevalier de l'ordre royal et militaire de Saint Louis, et comme ayant eu l'honneur de commander en 1791 et 1792 la première compagnie de l'Escadron des gentils hommes Bretons, lequel faisait partie de l'armée sous les ordres de son Altesse royale, alors Monsieur, aujourd'hui notre très auguste souverain, certifions que Monsieur Jean-Baptiste Félicité seigneur de K/marec des Tronchais, gentilhomme breton, a fait la campagne de 1792 dans la susdite compagnie, et qu'il ne l'a quittée que lors du licentiement de l'armée des princes. C'est pourquoi nous lui avons délivré le présent, pour lui servir partout où besoin sera.

Fait au château de Trans, arrondissement de Saint-Malo, départemant d'Isle-et-Vilaine, le 9 Avril 1816.

Signature.

Nous, Victor Amédée Marie, prince de Broglie, certifions que Monsieur de K/marec Félicité est entré dans le régiment de Broglie que nous commandions lors de sa formation à Shéveleur en 1794 et y a resté jusqu'au mois de Juillet 1795 qu'il entra dans le régiment de Mortemart.

En foy de quoi nous lui avons délivré le présent certificat scellé du sceau de nos armes.

Paris le 8 Avril 1816.

Signature

Nous, ancien capitaine aide-major et commandant en second du corps noble commandé par M. le Prince de Léon, depuis duc de Rohan, au service de Sa Majesté Britannique, formé dans l'Isle de Jersey, au mois de Décembre 1794, certifions que M. de K/marec Des Tronchays Félicité, entra dans le premier cadre-volontaire, commandé par M. le comte du Plessis du Grénédan, le 1er Janvier 1796, et qu'il continua à y servir en cette qualité, jusqu'au licentiement du corps, au mois de Novembre 1796, dans l'ysle de Wigths.

En foy de quoi, nous lui avons délivré le présent certificat à l'authenticité duquel on peut croire, étant fait sur les registres du corps restés entre nos mains.

à Rennes le 5 Avril 1816

Le Chevalier du Plessis de Grénédan, Lieutenant-Colonel de chasseurs à cheval et capitaine commandant le 1er cadre sous les ordres de M. le Prince de Léon, chevalier de l'ordre royal et militaire de Saint-Louis.

Le Chevalier de la Prévalaye Mal. de Camp.

Il est certain que Jean-Baptiste-Félicité adopta notre grand oncle Alexandre de Kermarec, grand-père de notre cousin, M. Ivan Carof.

Le 14 Brumaire an 10 (Nov. 1801), Françoise Bertho, veuve de Claude-Joseph de Kermarec, vendait à demoiselle Elisabeth Sainte de Trédern, demeurant à Rennes, pour la somme de 17777 fr. 77, répondant à 18 milles livres tournois, la métairie des Grandes et petites Noës, située en la commune de Domloup (I.-et-V.), et celle de Montaudy, située dans les communes de Veneffles et d'Amanlis, (I.-et-V.), qu'elle tenait de sa mère, Pélagie-Esther-Martin. Cette somme, elle la donna à son fils Jean-Baptisté-Félicité, comme le prouve la pièce suivante :

Février 1802 17 Ventôse an 11

Par devant les notaires publics du département d'Ille-et-Vilaine, résidant à Rennes, soussignés.

Est comparue dame Françoise-Marie-Charlotte Bertho, Veuve K/marec de Traurout, demeurant à Rennes, rue de la Liberté.

Laquelle nous a requis de lui rapporter le présent acte de donation irrévocable et entre vifs, par lequel, usant en partie, de la faculté que lui accorde la loi du quatre germinal de l'an huit, concernant les libéralités par actes entre vifs ou de dernière volonté. Elle déclare Donner, comme d'effet elle donne par le présent, En pleine propriété, à Jean-Baptiste-Félicité de K/marec, son fils présent et acceptant, la somme de dix sept mille sept cent soixante dix sept francs soixante dix sept centimes, faisant dix huit mille livres tournois, en numéraire métallique. Et ce, sans que la présente donation puisse être imputée sur la part héréditaire du dit Jean-Baptiste-Félicité de K/marec, son fils, Dans sa succession, à l'ouverture de laquelle il ne sera tenu à aucun rapport, ni sujet à aucune dette à raison de la ditte donation. (1)

Et en l'endroit a comparu le dit Jean-Baptiste-Félicité de K/marec, demeurant à Rennes, rue de la Liberté, N° 8.

Lequel a déclaré accepter avec reconnaissance, le don que lui fait la ditte dame Veuve K/marec de Traurout, sa mère. En conséquence, la ditte somme de Dix-huit mille Livres tournois, composant le dit Don, a présentement et au vu de nous notaires, été payée, comptée, délivrée en espèces d'or, d'argent, et autres monnayes ayant cours, par la ditte Dame Veuve de K/marec de Traurout, au dit Jean-Baptiste-Félicité de K/marec, lequel s'en est saisi, moyennant quoi la dame Donatrice en demeure quitte.

Ce que la ditte dame Bertho, Veuve de K/marec de Traurout, a ainsi voulu, consenti et requis, promettant etc. et renonçant etc.

Fait et passé à Rennes en la demeure de la ditte dame Veuve K/marec de Traurout sous son seing, celui du dit Jean-Baptiste-Félicité de K/marec, pour acceptation, et les nôtres, après lecture du présent, faite de mot à autre, ce jour Dix-sept ventôse de l'an onze de la République française, après-midi.

Signé sur la minute : Françoise-Marie-Charlotte-Bertho, Veuve K/marec de Traurout, Jean-Baptiste-Félicité et nous notaires.

La ditte minute demeure vers Pocquet le jeune, notaire rapporteur.

Enregistré à Rennes le dix-huit ventôse an onze.

Reçu deux cent vingt deux francs vingt cinq centimes et vingt deux francs vingt trois centimes pour le dixième.

Signé

Varin Laumaillère Pocquet le Jeune.

Jean-Baptiste-Félicité était propriétaire des terres et métaieries : La rivière Tissu, la Demoiselle Trauchon, la Gaucheraie, la Taillanderie, la Cornilière, la Foucandière, etc.

En 1831, il fut parrain de son petit neveu, Alexandre Marie de Kermarec, petit-fils de Léandre de Kermarec, notre bisaïeul. Il lui laissa sa fortune en argent, 28927 fr. plus 6200 fr., moitié de la vente de sa propriété de la Chaussée, près de Rennes.

---

(1) Cette clause a été modifiée dans un testament postérieur à cet acte.

Jeanne-Éléonore de Bréal des Chapelles, épouse de Jean-Baptiste Félicité de Kermarec, mourut à Rennes, le 14 Novembre 1833, âgée de 79 ans, quatre mois avant sont mari.

Ce dernier mourait le 23 Mars 1837. Voici son acte de décès :

Le 29 Mars 1837, à midi, devant nous, Louis Le Prieur, adjoint et officier de l'Etat-civil, ont comparu, M. Joseph Adolphe de Ferron du Chesne, propriétaire, âgé de 34 ans, demeurant à Dinan (V. p. 69), neveu, par alliance, du décédé et M. Hippolyte de K/marec avocat, âgé de 24 ans, demeurant rue de Fougères, neveu du décédé ; lesquels nous ont déclaré que M. Jean-Baptiste Félicité de K/marec de Traurout, âgé de 80 ans, fils de M. Claude de K/marec de Traurout, veuf de D^me^ Léonore Victoire de Bréal des Chapelles, est décédé, rue de l'Horloge, hier au soir, à sept heures. Et ont les déclarants signé avec nous après lecture.

Suivent les signatures.

Le neveu de J.-B. de Kermarec, Joseph de Kermarec, président de la cour royale de Rennes, fut exécuteur testamentaire du défunt ; *Alexandre de Kermarec*, notre grand-oncle, alors procureur du roi à Ancenis, agissait en qualité d'usufruitier de tous les mobiliers et comme administrateur de droit de son fils mineur, Alexandre-Marie de Kermarec, qui n'avait que six ans quand son grand oncle mourut.

Rien de remarquable dans l'inventaire qui fut fait après la mort de J.-B. de Kermarec. Citons cependant : une pendule sous globe en verre, une chaise à porteur, un grand tableau à l'huile, un pot de terre avec du tabac; argenterie: 24 couverts, 5 grandes cuillères, 16 petites, un petit pot à crème, une cuillère et pince à sucre, 2 flambeaux, étui et manche de fourchette, couteau, le tout vendu 1269 fr., un cachet en or.

N° 371

CONCESSION TEMPORAIRE DANS LE CIMETIÈRE DE RENNES

Vu la demande présentée par M. Joseph de Kermarec (neveu), à l'effet d'obtenir dans le cimetière de la ville, la concession temporaire d'un terrain ayant deux mètres carrés de superficie destiné à l'inhumation de M. Jean-Baptiste-Félicité de K/marec de Traurout, son oncle.

Le maire de Rennes concède pour 24 ans à M. Joseph de Kermarec et à ses successeurs ou ayants cause la quantité de terrain ci-dessus désignée etc.

En mairie à Rennes, le 30 Mars 1837.

Signé : P[bre]. Jouin.

CHAPITRE VIII

Généalogie de

Léandre de KERMAREC de Traurout

(*Père de notre Grand'Mère.*)

A

Léandre-François-Cyrille de Kermarec (V. p. 35) naquit à la Demi-Ville en Plélo (en Trégomeur depuis 1850), canton de Châtelaudren (C.-d.-N.), le 31 Octobre 1758, du légitime mariage de *Claude-Joseph de Kermarec*, comte de Traurout, conseiller au Parlement de Bretagne, et de *Françoise-Marie-Charlotte Berlho de la Cornilière.*

Nous lisons dans les registres de Broons (canton de Châteaubourg, I.-et-V.), où se trouve le château de la Balluère :

Section Iere

Léandre-François-Cyrille de Kermarec, demeurant à Rennes, publia, en Octobre 1787, avec **Jeanne-Joséphine Freslon de la Pignelais**, fille de Gabriel-François, seigneur de St-Aubin et de Claire-Thérèse des Roudiers. Elle était née à Mouazé, canton de St-Aubin d'Aubigné (I.-et-V.), en 1758. Le mariage eut lieu à Essé, canton de Rétiers (I.-et-V.), le 30 Octobre 1787. Les époux étaient tous les deux âgés de 29 ans environ. Ils s'établirent à Laignelet, près Fougères, village de la Bretonnière.

Le vieux manoir n'existe plus. Il a été remplacé par deux fermes neuves.

De ce mariage naquirent deux enfants, à la Balluère, l'un mort au berceau, l'autre mort né.

Jeanne-Joséphine de Freslon, dame de Kermarec, mourut à la Bretonnière, le 2 Janvier 1793, vers deux heures du matin, âgée de 35 ans. Elle fut inhumée le lendemain, vers 10 heures dans le cimetière de la paroisse, par Anger, curé.

Section IIe

Léandre de Kermarec épousa en secondes noces, le 16 Avril 1793, demeurant au village de la Bretonnière, **Thérèse Gandon**, âgée de 24 ans, née à Laignelet, le 9 Fév. 1769, fille de feu Pierre Gandon, laboureur, et de Perrine Lambert, demeurant au village de Louvault, paroisse de Laignelet. Les époux restèrent quelques années à Laignelet, puis ils vinrent s'établir à la Méhétrais, dans la commune de La Bazouge-du-Désert (canton de Louvigné I.-et-V.), où nous les voyons en 1799. Thérèse Gandon, deuxième épouse de Léandre de Kermarec, mourut à La Bazouge le 10 Brumaire, an X de la République, à la Méhétrais, à minuit, (2 Nov. 1801), âgée de trente deux ans.

Notons qu'à la rentrée des chouans de l'an VIII (1799-1800), Léandre fut cautionné pour 5000fr. par son frère Casimir, demeurant à Fougères. (V. p. 76).

De son deuxième mariage, Léandre de Kermarec eut quatre enfants : (B) *1° Thérèse-Françoise*, *2° Amand*, *3° Félicité*, *4° Alexandre*.

B

1° Thérèse-Françoise de Kermarec, sœur de notre grand'-mère, naquit à Laignelet, village de la Bretonnière, le 7 ventôse an III (25 Février 1794). Elle suivit son père à la Bazouge-du-Désert, où nous le trouvons lors de son troisième mariage, puis à Ferrières (Manche), où il a vécu longtemps, dès avant 1803. Elle fut marraine, le 12 juillet 1805. de Nathalie de Kermarec, sa demi sœur. Elle était âgée de onze ans.

Du testament de Françoise Bertho de la Cornillière, veuve de Kermarec, en date du 29 Novembre 1903, il résulte que Thérèse-Françoise fut d'abord adoptée par sa tante, Agathe de Kermarec qui demeurait au château de la Balluère en Broons (I.-et-V.), où elle est morte, le 13 Mai 1806 (V. p. 85). Elle vint ensuite chez son oncle, Casimir de Kermarec, à

Fougères, où elle resta jusqu'à la mort de cet oncle, qui arriva le 3 Mai 1823.

Thérèse se mariait, quatre mois après, du consentement de son père qui a signé l'acte de l'enregistrement civil, copié par moi, en la mairie de Fougères, le 7 Février 1922 :

L'an 1823, le 1er Sept., *Edmond-Marie du Breil de Pontbriand*, officier en réforme, âgé de 25 ans, né a Parigné (I.-et-V.), le 28 Juin 1897, demeurant commune de Pluduno (C.-d.-N.), fils majeur de M. Toussaint-Marie du Breil, Vicomte de Ponbriand, colonel d'état-major au grand quartier général de son altesse royale, Mgr. le duc d'Angoulême, et de dame Colette-Marie-Apolline Picquet de Boisguy, demeurant aussi commune de Pluduno (canton de Plancoët) ; et demoiselle *Thérèse de Kermarec de Traurout*, propriétaire demeurant à Fougères etc.

Le consentement de M. Toussaint du Breil de Pontbriand fut envoyé de Madrid.

Thérèse était dans sa 30e année.

Lors de la déclaration de succession, à la suite de la mort de son père, le 12 Octobre 1839, elle est remplacée par Hippolyte-Arsène Véron, clerc de notaire à St-Hilaire et désignée : Thérèse de K/marec, femme de Pontbriand, propriétaire à la Ravillais en Ploubalay (C.-d.-N.).

Notre grand'tante, Thérèse de Kermarec, dame de Pontbriand, est morte à Saint - Lormel, (canton de Plancoët C.-d.-N.), au château de la Ville Robert, le 14 Août 1874, dans sa 80e année. Elle fut inhumée dans le cimetière de Saint-Lormel.

J'ai eu le grand plaisir de faire la connaissance de Monsieur Bertrand Houdet, son petit fils, et de plusieurs membres de sa famille, le Mercredi 22 Août 1923. J'ai prié pour Thérèse de Kermarec, près de son tombeau.

Son mari, Edmond du Breil, Vicomte de Pontbriand, était mort, le 2 Juillet 1851, à la Ville-Robert.

Les armoiries des du Breil de Pontbriand sont : D'azur au lion morné d'argent ; ou bien : D'azur au pont de 3 arches d'argent, maçonné de sable.

Du mariage de Edmond du Breuil de Pontbriand avec Thérèse de Kermarec, sont nés huit enfants :

C

1° *Edmond Toussaint du Breil, vicomte de Pontbriand*, né à Fougères, le 6 Mai 1828, propriétaire, marié le 27 Mai 1856, à Quessoy (C.-d.-N.), à *Marie de Kérouallan*, née à Rédené (Finistère), le 7 Décembre 1833, veuve du comte de Monti de Rézé. Décédé sans enfant, à St-Lormel, le 18 Août 1907. Son épouse, morte à St-Lormel, le 10 mars 1918.

2° *Bertrand*, né à la Ravillais, le 27 Avril 1830, entré au grand séminaire de Saint-Brieuc en 1849, mort à la Ville Robert (Saint-Lormel), le 21 Février 1850.

3° *Frédéric*, né à la Ravillais, le 9 Août 1831, décédé au même lieu, le 18 Janvier 1834.

4° *Aldéric*, né à la Ravillais en Ploubalay, le 13 Mai 1838, décédé au même lieu, le 8 Janvier 1841.

5° *Colette*, née à Fougères, le 6 Octobre 1825, décédée sans alliance, à la Ville-Robert, le 11 Janvier 1885.

6° *Thérèse* ; 7° *Marie* ; 8° *Sidonie*.

C

6° *Thérèse du Breil de Pontbriand*, naquit à Fougères, le 27 Octobre 1826. Elle épousa a Pluduno, (canton de Plancoët, C.-d.-N.), le 29 Mai 1854, *Joseph de Galzain*, né à Pontivy, le 20 Juin 1814, qui fut percepteur dans la même ville, où il mourut en 1886. Son épouse mourut également à Pontivy, en 1894.

La Famille de Galzain est originaire d'Italie et très ancienne. Elle a donné un pape à l'Église, sous le nom de Romain, originaire de Gallèze, (territoire de Falleri), qui fut un pape vertueux et ne régna que 3 mois et vingt trois jours, de Juillet en Novembre 897. Le nom s'écrivait autrefois Galezin (Gallezinus). Il y a des membres de cette famille en Italie, en Flandre, en Rouergue, en Bretagne.

Les armoiries de la famille de Galzain sont : d'or à la croix de sinople et 18 billettes du même : 5 en sautoir dans chaque canton du chef; et 4 dans chaque canton de la pointe posés 1.3.

Louis de Galzain, né en 1706, épousa *Anna Le Gouffeuc de Keriven*, en premières noces et en secondes noces, une cousine de sa première femme, *Claudine Blouet*. De ce mariage trois enfants.

Le troisième fut *François Henri de Galzain*, qui épousa à Brest, en 1791, *Elisabeth Hamiot de Roissy*. François de Galzain mourut victime de son dévouement à Pontivy. où il était docteur médecin. La peste était parmi les prisonniers Autrichiens ; il s'enferma avec eux dans la caserne pour préserver la ville ; il contracta la maladie et mourut. Il laissait trois enfants.

Le deuxième fut *Joseph de Galzain*, qui épousa *Thérèse de Pontbriand*.

De ce mariage sont nés six enfants, tous à Pontivy.

D

1° *Maria Léopoldine de Galzain*, née le 16 Mars 1855, en religion sœur Madeleine, Carmélite au couvent du Haumont, St-Hélier, Jersey.

2° *Joseph-Victor de Galzain*, né le 20 Janvier 1858, décédé à Nantes, sans alliance.

3° *Bertrand de Galzain*, mort en bas âge.

4° *Eugénie-Marie-Anne de Galzain*, née le 15 Mai 1859. Elle eut pour parrain, le comte Lebel de Penguilly et pour marraine, Marie Louise du Breil de Pontbriand. Elle fut élevée au château de Lessart, chez sa grand'tante. Elle est actuellement (1924) propriétaire du château de Lessart en Corseul, (canton de Plancoët C.-d.-N.).

5° *Félix de Galzain*, né le 25 Janvier 1862, marié à Dinan, à *Mathilde Théry*, employé dans l'administration des chemins de fer, mort à Messac, (canton de Bain I.-et-V.), le 10 Janvier 1899, dans sa 37e année, sans postérité.

6° *Gabrielle-Emilie de Galzain*, née le 14 Mai 1863, actuellement (1924) grande pensionnaire dans une communauté, la Retraite, à Vitré.

La sixième enfant du mariage de Thérèse-Françoise de Kermarec avec Edmond du Breil de Pontbriand a été

C

Marie-Thérèse du Breil de Pontbriand, née à la Ravillais en Ploubalay (C.-d.-N.), le 29 Novembre 1833, mariée à Pluduno (C.-d.-N.), le 16 Nov. 1858, à *Augustin Nicolas Houdet*, docteur en médecine, décédé à Moncontour, le 1er Juillet 1878. Son épouse, décédée à Moncontour, le 19 Avril 1876.

De la Famille HOUDET :

Guillaume Benoist Houdet, lieutenant criminel au baillage de Meaux et député du tiers-état de ce baillage aux Etats-généraux de 1789, époux de *Antoinette-Françoise Prévost de la Briseganderie*. Dont :

4e enfant : *Besnoist-Nicolas Houdet*, né à Meaux, le 22 Janvier 1785, officier des haras, anobli le 30 Juin 1818, époux de *Rosalie-Henriette Sauvage*. Dont :

1er enfant : *Augustin-Nicolas Houdet, ut supra*.

Les armoiries de la famille Houdet sont : De gueules à la gerbe d'or surmontée de 3 étoiles rangées en chef et accompagnée de 3 billettes : 2, 1, le tout d'argent.

Du mariage *Marie-Thérèse du Breil de Pontbriand* avec *Augustin-Nicolas Houdet*, sont nés trois enfants :

(D) *1° Auguste, 2° Henri Toussaint, 3° Bertrand Louis Houdet.*

D

1° *Auguste-Edmond-Houdet*, né à Moncontour (C.-d.-N.), le 8 Sept. 1859, ingénieur civil, décédé à Ottawa (Canada) le 17 Fév. 1892. Il avait épousé, au mois d'Octobre 1888, *Lucie Nolin*, née à Berthier (province de Québec), le 31 Déc. 1866, morte le 18 juillet 1908.

De ce mariage :

E

Marie-Thérèse Houdet, née à Montréal, le 14 Juillet 1889.

D

2° *Henri-Toussaint Houdet*, né le 29 Août 1860, à Moncontour, docteur en médecine, épousa : 1° à Vitré, le 9 Janvier 1890, *Madeleine-Sophie Nouvel de la Flèche*, fille de Henri Nouvel de la Flèche, et de Mathilde Leclerc. Elle est morte à Saint-Uhel-Kérantré, nom d'une propriété qu'habitait, à Lorient, un de ses oncles, M. Audren de Kerdrel, sénateur, chez qui elle passait quelques jours. Elle fut emportée, le 9 Octobre 1892, par une crise d'éclampsie.

1er MARIAGE

Henri-Toussaint Houdet, d'abord docteur-médecin à Plancoët, n'eut de son premier mariage qu'une fille :

E

Madeleine Houdet, née à Plancoët, (C.-d.-N.), le 24 Janvier 1892. Elle épousa à Vitré, le 14 Janvier 1914, M. *Paul Lebreton*, notaire à Châteauneuf-sur-Sarthe, né à Angers en 1885, fils de Louis Lebreton et de Célestine Retaillon

De ce mariage sont nés :

F

1° *Paule*, à Angers, le 12 Janvier 1915 : 2° *Marie-Madeleine*, à Angers, le 1er Nov. 1917 ; 3° *Anne*, à Angers, le 2 Déc. 1918; 4° *Henri Lebreton*, à Châteauneuf-sur-Sarthe, le 31 Juillet 1921.

2e MARIAGE

D

Henri Houdet épousa en secondes noces, à Paris, en 1895, *Marie Clausel de Coussergues*, née en Juillet 1871, à Moncombrouse (Allier). En 1896, il quitta Plancoët pour venir s'établir à Laval. En 1903, il fit un voyage en Normandie, dans le but de s'y reposer quelques jours, chez son beau-frère M. de Beaumont qui habite Boulon, (canton de Bretteville-sur-Laize, Calvados). Il y mourut le 15 Juillet 1903.

De ce second mariage sont nés quatre enfants.

E

1° *Augustin-Louis Houdet*, né à Plancoët, le 26 Juin 1896, qui s'occupe d'agriculture et habite Essebenon-Cauzac par Réauville (Lot-et-Garonne).

2° *Berthe-Zoé Houdet*, née à Laval, le 9 Octobre 1897, célibataire

3° *Edmond-Charles Houdet*, né à Laval, le 9 Mai 1899, entrepreneur de reconstruction dans les régions libérées.

4° *Charles-Michel Houdet*, né à Laval, le 23 Déc. 1900, étudiant à l'école de mécanique et d'électricité appliquée de Nancy.

D

3° Le troisième enfant du mariage de Marie-Thérèse du Breil de Pontbriand avec Augustin-Nicolas Houdet est : *Bertrand-Louis Houdet*, né à Moncontour, le 17 Nov. 1864. Il fit ses études à Guingamp. Il épousa à Augan, (Morbihan) le 22 Mai 1894, *Zoé-Marie de Carheil*, née à Augan, le 28 Janvier 1863, fille de Arthur de Carheil et de Zoé-Marie de la

Forest. — Propriétaire du château de la Ville-Robert depuis 1899, maire de St-Lormel, (canton de Plancoët, C.-d.-N.), Monsieur Bertrand Houdet s'occupe beaucoup et avec succès d'agriculture.

De ce mariage cinq enfants :

(E) 1° *Zoé*, 2° *Marguerite*, 3° *Henriette*, 4° *Louis*, 5° *Yvonne Houdet*.

E

1° *Zoé-Marie Houdet*, née à St-Lormel, le 2 Avril 1895, a épousé à St-Lormel, le 5 Août 1919, *Ernest-Joseph Le Mire*, (médaille militaire et croix de guerre), propriétaire à Le Guildo (canton de Matignon C.-d.-N.), né, le 11 Nov. 1892, à Corseul C.-d.-N.), fils de feu Ernest Le Mire et de feue Marie Grossetête. Dont :

F

1° *Bertrand-Lucien Le Mire*, né au Guildo, le 19 Juin 1920 ; 2° *Louis-Maurice Le Mire*, né au Guildo, le 25 Juillet 1922.

E

2° *Marguerite-Henriette Houdet*, née, le 5 Octobre 1896, à St-Lormel, mariée, le 20 Juillet 1920, à *Antoine Le Mire*, (frère de Ernest Le Mire), directeur de Banque à Redon, né à Corseul, le 15 Août 1896. Dont :

F

Marie-Antoinette Le Mire, née à St-Lormel, le 27 Avril 1921.

E

3° *Henriette-Marie-Anne Houdet*, née à St-Lormel, le 17 Nov. 1898.

4° *Louis-Bertrand Houdet*, né à St Lormel, le 11 Septembre 1900, caporal au 101e d'Infanterie, décédé à St-Lormel le 29 Maï 1922, dans sa 22e année.

5° *Yvonne-Renée Houdet*, née à St-Lormel le 19 Juin 1905.

C

8° La huitième enfant du mariage de *Thérèse de Kermarec*, fille de Léandre de Kermarec, avec *Edmond du Breil de Pontbriand* fut :

Sidonie-Caroline du Breil de Pontbriand, née le 28 Juin 1835, à la Ravillais en Ploubalay (C.-d.-N.), mariée, le 6 Janvier 1855, à Pludùno (C.-d.N.), à *Yves Le Guillou de Kéralsy*,

Inspecteur des contributions indirectes, fils de Yves Le Guillou de Kéralsy et de Catherine Le Bail de Kerlavos.

Elle mourut à Béthune (Pas-de-Calais), en Mars 1855.

B

2° Le deuxième enfant de *Léandre de Kermarec* et de *Thérèse Gandon* fut :

Amand-Aimable Joseph de Kermarec. Il naquit à Laignelet, village de la Bretonnière, le 22 germinal an IV (11 Avril 1796). Il suivit son père à la Bazouge du Désert. Nous le trouvons à Ferrières, parrain de notre grand'mère, sa sœur paternelle, Caroline de Kermarec, le 19 Nivôse (7 Janvier) 1803.

Lors de la déclaration de succession, à l'occasion de la mort de son père, déclaration du 12 Octobre 1839, il est représenté par Hippolyte Véron, clerc de notaire, à Saint-Hilaire-du-Harcouët. Il est employé de contributions indirectes, à Pontrieux, (C. d. N.).

Amand de Kermarec, propriétaire, retraité des Contributions indirectes, domicilié à Guimgamp, est mort en cette ville, le 11 Juin 1860. Son neveu, Alexandre-Marie de Kermarec, a acheté une concession dans le cimetière de Guingamp, en 1875 : n° 199. Elle a coûté 150 francs et le caveau 90 francs.

De passage à Guingamp, le Mardi 10 Octobre 1922, je me suis gardé d'oublier d'aller visiter le tombeau de notre grand-oncle. C'est le 19e à partir du reliquaire, proche les écuries de remonte. Il est en granit, revêtu d'une pierre tombale plate, et peu élevé au dessus du sol :

ICI REPOSE LE CORPS
de Amand-Aimable-Joseph
de KERMAREC
ancien employé des contributions indirectes
mort à Guimgamp, le 11 Juin 1860
à l'âge de 64 ans.

Priez Dieu pour lui

B

3° La troisième enfant de *Léandre de Kermarec*, et de

Thérèse Gandon, *Félicité-Françoise de Kermarec*, née au village de la Bretonnière en Laignelet (I. et V.), le 26 Messidor an V, 15 Juillet 1797, est décédée à Fougères, rue de la Révolution, le 2 Mai 1807, dans sa dixième année. Elle avait été adoptée par son oncle, Casimir de Kermarec. (V. p. 76).

B

4e enfant, *Alexandre de Kermarec*, naquit à Fougères, le 3 Déc. 1799. Ses parents demeuraient au village de la Méhétrais, en La Bazouge-du-Désert, canton de Louvigné-du-Désert (I. et V.). Sa mère accoucha à Fougères, au domicile de la veuve Bénazet, rue de la République, vers cinq heures du matin. Il suivit d'abord son père à Ferrières. Le 26 Décembre 1806, il est parrain, à Ferrières, de son demi-frère Léandre de Kermarec, mort en duel après 1826. Il fut ensuite adopté par son oncle, Jean-Baptiste-Félicité de Kermarec. Il fut reçu bachelier-ès-lettres, à la Faculté de Rennes, le 6 Décembre 1821, bachelier en droit, le 8 Août 1823, licencié en droit, le 31 Août 1824. Il épousa a Combourg (I. et V.), *Agathe Morel des Vallons*, née à Combourg en 1803.

Le 19 Avril 1826, avocat, il est nommé juge auditeur au tribunal civil de Brest. Le 14 Juin 1829, il est nommé substitut au procureur général de Montfort. Nous le voyons procureur à Ancenis, lors de la naissance de sa fille. Il y est encore en 1839, lors de la mort de son père. Enfin il meurt conseiller à la cour d'appel de Rennes, le 28 Juillet 1850, âgé de 50 ans.

Son épouse est morte à Brest, le 18 Mai 1883.

De leur mariage, deux enfants :

(C) 1°. *Alexandre*, 2° *Anne-Marie de Kermarec.*

C

1° *Alexandre de Kermarec*, né à Rennes, le 7 Sept. 1831. Il eut pour parrain son grand-oncle, *Jean-Baptiste-Félicité de Kermarec*, mort le 28 Mars 1837, qui lui laissa en héritage 28 927 frs, plus 6 200 frs, moitié de la vente de sa propriété de la Chaussée, près Rennes. (v. p. 89). Il s'occupa d'ériger le tombeau de son oncle, Amand de Kermarec, en 1875. (V. p. 100). Lieutenant de vaisseau, il fut nommé chevalier de la Légion d'honneur en 1870. Il est mort subitement, à Brest, célibataire, le 10 Janvier 1904.

Son neveu, M. Ivan Carof, m'a dit que son oncle, esprit trés cultivé, était, dans sa conversation, très intéressant sur tous les sujets d'art et de musique, Il aimait à parler de son oncle à la mode de Bretagne, le Président Joseph de Kermarec, (v. p. 83), chez lequel il jouait et de son parrain J. B. Félicité.

Alexandre Marie a toujours dit qu'il était **le DERNIER** des **de KERMAREC**.

2° *Anne-Marie-Agathe de Kermarec* naquit, le 1er janvier 1837, à Ancenis, où son père était procureur du roi. Elle fut ondoyée en l'église Saint-Pierre-d'Ancenis, le 2 Janvier, par M. J. Fresneau, curé. Les cérémonies furent supplées par le même prêtre, le 18 Juin de la même année. Le parrain fut Hippolyte de Kermarec, oncle à la mode de Bretagne, de l'enfant. Il était alors avocat à Rennes (v. p. 83). La marraine, Mlle Anaïde-Agathe des Vallons, tante de l'enfant.

Anne de Kermarec épousa, le 12 Avril 1857, *Sylvain-Théophile Carof*.

Généalogie CAROFF

Les Caroff appartiennent à la plus vieille bourgeoisie, armoriée du Léon. Leurs armoiries actuelles sont : *Parti : d'azur à la main de justice d'or en Pal et* : *d'azur au rencontre de cerf* (En breton *Carof* veut dire *cerf*) ; au lieu des 3 *aiglettes d'or sur champ de sable*, qui sont peut-être les armes d'une de leurs épouses.

I

Guillaume Caroff, sieur de Kergenval, né vers 1607, notaire royal à Lesneven (Finistère), mourut à St-Pol de Léon, le 27 Mars 1688. Epousa 1° *Julienne de Kéranguen* ; 2° Anne Guillou de Penanvern.

II

Du premier lit : *Jean-Louis Caroff de Kermenguy*, né à Saint-Pol-de-Léon, le 14 Juillet 1637, syndic de Saint-Pol en 1673, épouse : 1° Isabelle le Millous ; 2° *Anne Deincuff de Pratgénic* , 3° à Saint-Pol, le 15 Avril 1689, Eléonore de Kermeidic ; 4° Suzanne Marec de Boisnoir.

III

(Du 2e lit). *Yves Caroff, sieur de Kermenguy*, né en 1690, mort à St-Pol, le 12 Septembre 1753, avocat, puis maire et syndic de St-Pol, y épouse, le 27 Janvier 1716, *Jeanne Leroy de Lestang*.

IV

Hervé-Antoine Caroff, sieur de Kervézec, né le 23 Novembre 1729, mort en 1783, échevin de St-Pol, avocat à la cour et sénéchal de Maillé (Vendée), épouse à Landéla (Finistère), en 1760, *Louise Le Mignon de Kérivoas*.

V

Gilbert-Jean Carof, sieur de Kervézec, baptisé à Landerneau, le 7 Mai 1761, mort en 1842. Receveur des fermes de Bretagne à Ploudalmézeau, en 1783, lieutenant de la garde nationale en 1789, procureur du Maire de Ploudalmézeau en 1792, maire en 1793, juge de paix en 1794 ; arrêté comme suspect et incarcéré à St-Renan, sauvé à la chute de Robespierre. Avait épousé à Morlaix, le 22 Octobre 1783, *Cécile Françoise-Boudier de Sugueson*.

VI

Jacques-Pierre Caroff, né à Ploudalmézeau, le 21 Mai 1787, mort le 6 Avril 1864. Receveur des finances en 1812. épouse à Quimper, le 21 Septembre 1812, *Reine-Perrine-Aymez*, née en 1791, morte en 1853.

VII — C

Sylvain-Théophile Carof, (1) né à Brest le 4 Déc. 1824, entré à l'école navale en Octobre 1839 ; (il n'avait pas 15 ans). Aspirant, le 1er Sept. 1841, part pour une campagne de quatre ans dans le Pacifique : décoré de la légion d'honneur pour fait de guerre à Tahiti en 1844, âgé à peine de vingt ans; Enseigne de vaisseau, le 28 Sept. 1852, fait la campagne de Crimée en 1854-55 ; capitaine de frégate le 4 Avril 1865 : commande la frégate école des gabiers de Cornélie, le vaisseau Algésiras, le croiseur Duguay-Trouin, le cuirassé Richelieu ; contre-amiral, le 24 Avril 1884 ; major-général du

---

(1) Le contre-amiral *Carof* épousa en secondes noces : Miss *Kate Hodgskin* dont : Marguerite-Cécile Carof, née à Londres le 1er Octobre 1882. Elles demeurent toutes les deux à Boulogne-sur-Seine (Seine).

port de Toulon ; puis il commande la marine en Algérie-Tunisie ; passe au cadre de réserve le 4 Déc. 1886. Commandeur de la Légion d'honneur. Décédé à Versailles, le 5 Octobre 1915, dans sa 91ᵉ année

Il avait épousé *Anne-Marie de Kermarec*, le 12 Avril 1857. Elle mourut à Brest, le 13 Juillet 1877, âgée de 40 ans.

De ce mariage deux enfants :

D

(D) 1° *Georges*. 2° *Ivan Carof*.

Georges-Théophile-Carof, né à Brest, le 14 Juin 1858, entré à Saint-Cyr en Octobre 1879, sous-lieutenant en 1881, au 7ᵉ bataillon de chasseurs; lieutenant en 1884, au 1ᵉʳ régiment de zouaves ; passe en 1889 au 41ᵉ d'Infanterie ; capitaine au 11ᵉ bataillon alpin de chasseurs ; chef de bataillon en 1905 au 64ᵉ d'infanterie, retraité en 1911, sur sa demande ; demeurant à Nantes en 1913 ; mobilisé au 88ᵉ Territorial en 1914. Il est mort, le Dimanche 3 Janvier 1915, à l'hôpital militaire de Vichy, le jour de son arrivée du front. Médaille Militaire ; chevalier de la Légion d'honneur.

Il avait épousé en premières noces, à Trois-Fontaines-l'Abbaye (Marne), le 20 Août 1888, *Marguerite du Bois du Teilleul*, née le 18 Janvier 1869, morte le 16 Juillet 1895.

1ᵉʳ MARIAGE

De ce premier mariage trois enfants :

(E) 1° *Geneviève*, 2° *Ivan*, 3° *Andrée*.

E

1° *Geneviève Carof*, née le 30 Mars 1890, mariée à *Jean Joubert*, capitaine d'infanterie au ministère de la guerre. Demeure à Meudon. De ce mariage :

F

Jean Joubert, né en 1920.

E

2° *Ivan Carof*, né et mort en 1911.

3° *Andrée Carof*, née le 10 Août 1893, artiste peintre, célibataire. Elle a illustré les œuvres de Joh. Joergensen, le grand converti Danois, en particulier sa vie de Sainte-Catherine de Sienne. Elle a passé plusieurs années à Assise et est actuellement propriétaire à Vélars-sur-Ouche, (Côte d'Or).

2e MARIAGE

Georges Carof épousa en secondes noces, à Annecy-le-Vieux (Haute-Savoie), en 1899, *Gabrielle du Buisson*, morte le 13 Février 1910. De ce mariage :

F

Madeleine-Odette Carof, née le 14 Avril 1900 et morte en 1913.

D

Ivan Carof, né à Brest, le 17 Janvier 1869. Il perdit sa mère à l'âge de sept ans, quitta Brest à l'âge de huit ans et suivit son père à Toulon et à Alger. Il fit ses études chez les Pères Maristes de Toulon. Entré à Saint-Cyr en Octobre 1890; sorti en 1892 ; sous-lieutenant au 11e bataillon alpin de chasseurs ; lieutenant à ce même bataillon en 1894 ; passe en 1901 au 19e régiment d'infanterie à Brest ; démissionnaire pour raison de santé en 1906 ; mobilisé en 1914 dans les chemins de fer ; promu capitaine en Août 1914 ; mis hors cadres en Nov. 1916, pour raison de santé. M. Ivan Carof, capitaine honoraire, demeure à Brest, rue Jean Macé. Il m'a communiqué des papiers de famille bien intéressants. J'ai fait sa connaissance et celle de sa bonne famille au mois d'Octobre 1922, et il a même voulu me recevoir chez lui.

Il a épousé, le 2 Octobre 1896, *Louise-Pauline Gouzien*, sa cousine du 2 au 3, fille de Louis Gouzien, agent comptable principal de la marine en retraite et de Nanine Simon.(1) - De ce mariage six enfants :

1° *Anne-Marie Carof*, en religion Sœur Claire de l'Eucharistie, religieuse Clarisse à Rennes, née le 24 Avril 1898.

2° *Yvonne-Marie*, née en Juin 1899.

3° *André Carof*, né le 16 Juillet 1900, a fait son service militaire dans l'artillerie, à Vannes, s'occupe de librairie dans une grande maison de Paris.

4° *Suzanne-Marguerite*, née le 7 Janvier 1907 ; 5° *Marie-Magdeleine*, née le 6 Juin 1913 ; et 6° *Marguerite-Marie*, née le 2 Juillet 1918, toutes deux à Brest.

(1) Morts l'un et l'autre en Janvier 1924.

Section IIIe

3me Mariage de Léandre-François-Cyrille de KERMAREC

— (*Père de notre Grand'Mère*) —

A.

Léandre de Kermarec, veuf de Thérèse Gandon, propriétaire à la Bazouge-du-Désert, canton de Louvigné-du-Désert (I.-et-V.), âgé de 43 ans, épousa en troisièmes noces, à Landivy (Mayenne), **Françoise-Elisabeth-Marie Bohineust**, née à Landivy, le 2 Février 1777, fille de *Mathieu Bohineust* et de *Elisabeth Plessis*, son épouse ; âgée de 24 ans.

Le contrat de mariage est daté du 4 frimaire an X de la République française (17 Déc. 1801), fait à Fougerolles-du-Plessis, devant Barabé, notaire. « Entreront les futurs en mariage projeté chaque avec ses droits et actions et en communauté de tous biens y sujets dès le lendemain de l'inventaire fait entre le dit Léandre de Kermarec et ses enfants. Dans le cas de décès, le survivant jouira en usufruit, sa vie durant, du tiers des propres du prédécédé, en supportant les charges telles que celles de réparations et autres, usufruitières. Cet objet estimé mille francs au principal sans que le plus ou moins puisse préjudicier.

Dont acte - Arrêté au domicile du sieur Bohineust etc. »

Le mariage eut lieu le 24 frimaire, l'An X, 14 Décembre 1801. La mère de Léandre est encore vivante, les parents de Françoise Bohineust, vivants aussi.

D'après M. Chaix d'Est. Ange, t. II p. 467, des *Familles françaises au XIX siècle*, une famille *Bohineust* ou *Le Bohineust*, honorablement connue dans la bourgeoisie de Bretagne et qui a donné plusieurs officiers distingués au XIXe siècle et de nos jours ; porte : d'argent à trois fasces de gueules, au chef de même à la corde entrelacée et intercalée de deux points.

Léandre et son épouse ne restèrent pas longtemps à la Bazouge-du-Désert.

En effet : à la date du 21 prairial an X, *11 juin 1802*, il est fait mention d'un partage en cinq lots, reçu par Hossard, notaire à Landivy, entre Louis-Mathieu Bohineust, demeurant au Mans ; Jacques-Michel Bohineust, cultivateur à Landivy ; Jean-François Bohineust, cultivateur au même lieu ; Michel Bourdon, cultivateur à la Dorée, et Elisabeth Bohineust, sa femme ; Léandre-François Seril *(sic)*, mari de Françoise-Elisabeth-Marie Bohineust, *demeurant à La Bazouge*, des biens immeubles dépendant de la communauté de Elisabeth Plessis, leur mère, sis aux lieux de la Boulardière, *(* communes de Ferrières et de Buais *)* ; de Tarière et des Bruères, (commune de Landivy *)* ; du Gué et de la Prise-Fadaine *(?)*, en Savigny.

(Le même jour, Louis-Mathieu Bohineust, marchand au Mans, vendait sa part à son beau-frère Bourdon, pour 4.500 fr. *)*

Donc Léandre de Kermarec et son épouse demeuraient encore à La Bazouge, le 11 juin 1802.

Mais, d'autre part, le 18 brumaire an XI, 21 Oct. 1802, soit neuf mois après le contrat de mariage, le bureau de Gorron *(*Mayenne), enregistrait une donation mutuelle, reçue devant Hossard, notaire à Landivy, le 11 brumaire précédent, *12 octobre 1802*, entre Léandre de K/marec et Françoise Bohineust, son épouse, *demeurant à Ferrières*, de l'usufruit des immeubles et de la propriété des meubles et effets qui appartiendront au pré-mourant, laquelle donation n'aura d'effet qu'au cas qu'il n'existerait aucun enfant du mariage, lors du décès.

C'est donc entre le 11 Juin 1802 et le 12 Octobre de la même année, certainement à la Saint-Michel, que nos ancêtres vinrent s'établir à Ferrières, *(* Canton du Teilleul, Manche), à la Tertenais, (propriété de Françoise Bohineust,) qui fut considérablement augmentée pendant la communauté.

Le 29 Mai 1807, mourait à Rennes, rue de la Liberté, nº 7, **Françoise Bertho de la Cornilière**, veuve de **François-Claude de Kermarec**, mère de Léandre de Kermarec. (V. p. 34 et 35.).

Nous avons remis jusqu'à cette page pour transcrire son testament ainsi que le partage de la succession, parce que les clauses seront mieux comprises alors que l'on aura connu la biographie, si résumée soit-elle, des héritiers de notre trisaïeule.

Étant en visite à Rennes chez un ami, le 10 Mai 1921, j'ai profité de l'occasion pour me rendre à l'étude de Monsieur Meignan, rue de l'Hermine, successeur médiat de Pocquet le Jeune, et prendre copie du testament en question.

TESTAMENT

7 Frimaire an XII
29 Nov. 1803

Le sept frimaire an douze, Nous, Ambroise Pocquet le Jeune et Joseph François Rapatel, notaires publics à la résidence de Rennes, département d'Ille-et-Vilaine, soussignés, rapportons que le jour sept frimaire, aux deux heures et demie de l'après-midi, sur la réquisition de Dame Françoise-Charlotte Bertho, Veuve de Claude Joseph K/marec de Traurout, demeurant à Rennes, rue de la Liberté n° 7, nous nous sommes transportés en sa ditte demeure où étant dans une chambre au troisième étage, ayant vue sur la ditte rue, nous y avons trouvé la ditte dame Bertho Veuve K/marec en bonne santé, saine d'esprit, jugement et entendement, laquelle nous a déclaré nous avoir exprès fait mander pour lui rapporter le présent son testament et acte de dernière volonté, à l'effet de quoy Elle a appelé pour témoins les citoyens Louis-Gabriel Atar, Eurimédon Blanchard-Buharaye, propriétaire demeurant à Rennes, rue Franklin, et Charles Bonaventure-Toullier, jurisconsulte, demeurant à Rennes, rue Saint-Georges, lesquels présents ont déclaré n'être parents ni alliés de la ditte dame testatrice.

Laquelle en leur présence nous a dicté son dit testament comme suit :

Article premier

Je veux que les cérémonies de mon enterrement et de mon service soyent les plus simples possibles, mais qu'il soit dit des messes pour le repos de mon âme depuis six heures du matin jusqu'à midi, à tous les autels de l'Eglise.

Article deux

Je veux qu'aussitôt après mon décès, il soit compté une somme de trois cents francs à M. Bléry, prêtre, qui voudra bien dire des messes pour le repos de mon âme, comme aussi je veux qu'on lui remette la croix d'argent que je porte au col, le priant de bien vouloir l'accepter.

Article trois

Je donne aux pauvres de la commune de Plélo une somme de soixante-quinze francs et pareille somme de soixante-quinze francs aux pauvres de la commune de Trégomeur, lesquelles sommes seront délivrées à Madame de Coniac demeurant à la Demi-Ville, ditte commune de Plélo, Département des Côtes-du-Nord, pour être par elle distribuée aux plus indigents.

Article quatre

Je donne aux pauvres de la commune de Broons près Vitré, département d'Ille-et-Vilaine, la somme de cent francs, et aux pauvres de Châteaubourg, même département, celle de cinquante francs, et je charge la conscience de mon exécuteur testamentaire de faire remettre les dons cy-dessus le plus tôt possible à leur destination.

Article cinq

Je donne et lègue à Madame de Saint-Brice, si elle me survit, mon tableau de l'élévation de la Sainte-Croix, gravé par Audran d'après Lebrun, La priant de l'accepter comme témoignage de mon amitié.

Article six

Je confirme autant que besoin le don entre vifs que j'ai fait à Jean-Baptiste-Félicité de K/marec, mon sixième enfant, par acte du dix-sept ventôse an onze, au rapport de Pocquet le Jeune, l'un des notaires soussignés Et son collègue, enregistré à Rennes le lendemain et, de plus, je lui donne jusqu'à la concurrence du quart de tous les biens dont je serai propriétaire à l'Epoque de mon décès. En y comprenant la ditte somme de dix-huit mille livres, sans qu'il puisse rien prétendre au-delà dans le partage de ma succession parce qu'aussi on ne pourra lui demander compte des Biens vendus par la République, après le partage de ma présuccession. Et ce qui dans le don que je lui fais du quart de tous mes biens excédera le septième de leur valeur totale sera partagé en six portions égales entre les : Jean-Baptiste-Félicité, Casimir-Pierre, Hippolyte-Marie, Léandre-François-Cirille K/marec, ses frères, Agathe-Claude K/marec, sa sœur (1) et les enfants tant du premier que du second lit de Louise-Gabrielle K/marec, aussi sa sœur, qui n'y seront fondés que pour un sixième, en sorte que sur le don du quart de mes biens, le dit Jean-Baptiste-Félicité K/marec prendra d'abord seul, la valeur du septième des dits biens, y compris les dix-huit mille livres du don entre vifs, et il partagera le surplus en six parts égales avec les ci-dessus dénommés.

Article sept

Je donne à Mademoiselle de Bédée, sa tante, demeurant en Pierrefite-en-Bruz, une douzaine de chemises à son choix, et une autre douzaine à Madame du Chêne, religieuse, aussi à son choix. Ces deux dames choisiront dans l'ordre qu'elles sont placées dans le présent. Je les prie d'accepter ce faible don, comme un témoignage de mon souvenir et de mon attachement.

Article huit

Je donne à Mademoiselle Agathe Claude de K/marec, ma fille, le lit complet où elle couche Et qu'elle a emporté dans sa chambre suivant le don que je lui en avais précédemment fait, de plus toutes les provisions de Bouche, comestibles, vins, cidres, sucres, caffés, Beurres, Barattes, charnier, chandelle, Bouteilles de terre et de verre tant pleines que vides, le gros bois, les fagots et le charbon qui se trouveront dans la maison que j'occupe à Rennes.

De plus, le lit Baldaquin complet qui est dans le cabinet, six douzaines de serviettes numérotées en cotton rouge, six paires de draps de maître, numérotées idem, six têtes d'oreiller garnies, six paires de draps de domestique, une douzaine des plus petites napes marquées en cotton rouge, une douzaine de mes meilleures coëffes de nuit, douze serre-têtes, tous mes bonnets piqués, toutes mes poches, toutes mes robes

(1) Agathe-Claude de Kermarec, née le 22 Août 1755 à Plélo, mourut avant sa mère, à Broons-sur-Vilaine, arrondissement de Vitré, le 13 mai 1806. (V. p. 85).

soye et une robe d'indienne de demie-deuil, une armoire de cerisier qui est dans le sallon près la porte de ma chambre, où je mets mon linge, une table de toilette, six des meilleures chaises, une petite timbale, un chaudron, trois casserolles, un passe-purée, un écumoir, une cuillère à pot, une galletière, une tournette, une chevrette, deux douzaines d'assiettes dont six creuses comprises, une petite soupière, deux des petits plats, deux des moyens, le tout terre anglaise, une petite terrine d'Angleterre, deux flambeaux argentés, une paire de mouchettes, cinq couverts d'argent des meilleurs, six culiers à caffé, une écuelle et son couvercle, un pot à crème, le tout d'argent, quatre couteaux à peler, d'argent, trois douzaines de grosses serviettes de chanvre que j'ai fait faire dernièrement, un bonheur du jour et sa table avec les fils et les filets qui pourraient se trouver dans les tiroirs, tous mes petits tableaux et reliquaires qui sont dans ma chambre, ainsi que le portrait de Claude-Bernard, le pauvre prêtre, mon grand'-oncle, et celui de sa sœur Bernard, femme Martin de la Balluère, ma Bisayeule, mon portrait qui est à la Balluère, ma plus ancienne couverture de cotton, enfin les deux rideaux blancs des fenêtres de ma chambre avec leurs cordons, vergettes, pitons et boucles de verre, ma glace de toilette qui est sur la cheminée de mon sallon, ma petite table à quatre couverts, les chenets, les pincettes et pelle à feu qui sont dans ma chambre Et ma bibliothèque, le tout par préciput et hors part.

Article neuf

Je donne aux deux filles aînées de Léandre-François-Cyrille K/marec, mon fils, demeurant à la Tertenay, commune de Ferrières, mes jupes et déshabillés, tout en cotton, Basin, mousseline qu'indienne, quatre douzaines de chemises de mousseline, mes camisoles de nuit, six manteaux de nuit, mes mantes et mantelets de noir et blanc, tous mes mouchoirs de fil, tant de mousseline que de cotton blanc, d'indienne à bordures violettes et roses, et de soye et de Batiste, quatre châles d'indienne, tous mes mouchoirs rouges, des Indes, et en bleu fin, tous mes tabliers de coton et d'indienne, tous mes bas tant fil que coton et soye qui sont dans la Boëte au-dessous de la fontaine du salon et tous les petits chiffons qui pourront s'y trouver, ma robe d'indienne et ma jupe doublée de taffetas, ma robe et jupe fond blanc à petits desseins violettes, mon fourreau de Canevas, mes plus petits mouchoirs de fil pour poche, huit coëffes de nuit et douze serre-têtes, tous lesquels effets mobiliers je veux être remis après ma mort, aux mains de dame Jeanne la Tuolais, femme K/marec ma bru et de demoiselle Agathe-Claude de K/marec ma fille, à titre de dépôts, chacune par moitié, autant que faire se pourra pour être par elles rapportées et distribuées à mes dittes deux petites filles, à mesure de leurs Besoins et qu'elles croîtront en âge.

Article dix

Je donne à Madame Victoire Bréal épouse de Jean-Baptiste Félicité de K/marec mon fils, ma montre d'or, comme aussi je donne ma boëtte d'or à dame Jeanne de la Tuolais, épouse de Casimir de K/marec mon fils, le tout par préciput et hors part.

Article onze

Je donne et lègue à Gabrielle Margeau, femme de Jean Bernard, ma femme de chambre, en considération de la bonne volonté qu'elle m'a toujours témoigné et parce que toutefois elle se trouvera à mon service lors de mon décès, la jouissance et usufruit pendant sa vie, du lieu du bourg de Broons, situé en la commune du même nom, arrondissement de Vitré, appartenant à la ditte testatrice, consistant en un en bas à cheminée servant de demeure, salle à boni dont cellier ensuite, grenier, deux jardins, l'un derrière la maison et l'autre enclavé dans la pièce de la Motte, l'aire à battre, le champ de Haut, le champ de Launay, un petit pré et une quantité de pré située à Launay pour jouir la ditte femme Bernard des dits objets, à compter du jour de mon décès et même percevoir à son profit la récolte des grains et du foin qui pourront alors être arrachés aux terres du dit lieu. Et en cas que je meure après la récolte faite des dits grains et foins, mes héritiers seront tenus de délivrer à la ditte femme Bernard, la quantité de grains suffisante pour qu'elle puisse ensemencer les dittes pièces de terre. Et pendant l'usufruit des dits objets, la ditte légataire sera tenue d'acquitter l'imposition foncière et de faire les réparations locatives seulement.

Si le citoyen Jean Hacard, ancien recteur de Broons, veut bien accepter une demeure dans la dite maison du bourg de Broons, je veux et entends que la ditte Gabrielle Margeau femme Bernard, lui concède gratuitement pour logement tant qu'il vivra et qu'il voudra bien y demeurer, la salle tuilée ayant cheminée et une partie du grenier avec droit au cellier, la moitié du grand jardin, comme aussi le droit d'avoir une vache et de partager les foins du dit pré et quantité de pré avec la femme Bernard moitié par moitié. Je veux au surplus qu'en cas que la ditte femme Bernard, vienne à décéder avant le dit Jean Hacard, ce dernier jouisse pendant sa vie de la totalité des objets ci-dessus donnés en usufruit à la ditte femme Bernard, voulant expressément que le dit Jean Hacard jouisse en ce cas de l'usufruit des dits objets pendant qu'il vivra, toutefois à compter du jour de mon décès, et parce que aussi il acquittera l'imposition foncière et fera les réparations locatives.

De plus je donne et lègue à la ditte Gabrielle Margeau femme Bernard, et toujours sous la condition qu'elle se trouvera à mon service lors de mon décès, une somme de trois cents francs, une fois payée, à prendre sur le plus clairs deniers de ma succession et une vache à son choix.

Article douze

Je veux que les frais et droits du présent soyent pour le compte de ma succession, et je révoque expressément tout testament antérieur au présent.

Article treize

Et pour faire exécuter le présent mon testament et acte de dernière volonté, je nomme les citoyens Garnier l'Hermitage et Toullier, jurisconsultes, mes exécuteurs testamentaires les priant soit concurremment, soit en l'absence l'un de l'autre de vouloir bien y donner leurs soins.

Tel est le testament et acte de dernière volonté de la ditte dame Bertho Veuve K/marec de Traurout, testatrice, duquel lecture lui est faite de mot à autre en présence des dits citoyens Blanchard Buharaye et Toullier témoins. — Lu et relu par l'un de nous, l'autre présent. Elle a dit le bien entendre, qu'il contient ses vraies intentions, et le vouloir entière exécution après sa mort.

Ce que la ditte dame testatrice a ainsi voulu, consenti et requis promettant et renonçant.

Fait et passé et entièrement écrit de la main de Pocquet le Jeune, l'un de nous notaires, sous le seing de la ditte dame Bertho Veuve K/marec testatrice, ceux des dits citoyens Blanchard Buharaye et Toullier, témoins et les nôtres après lectures derechef, les dit jour et an. En la chambre susditte de la testatrice à Rennes.

Blanchard de la Buharaye — Toullier
Rapatel — Pocquet

N. B. - Les deux petites-filles dont il est question à l'article neuf du Testament étaient :

1° *Thérèse-Françoise de Kermarec,* née du deuxième mariage de Léandre, à Laignelet, 7 ventôse an III, 25 Février 1794, devenue plus tard, l'épouse de Edmond du Breil, Vicomte de Pontbriand. Elle était chez sa tante, Agathe de Kermarec, lors du testament de sa grand'mère. Et elle alla chez son oncle, Casimir, marié à Jeanne de la Tuolais, à Fougères, après la mort de Agathe de Kermarec, arrivée le 13 Mai 1806, un an avant celle de sa mère.

2° *Félicité de Kermarec,* qui fut adoptée par son oncle Casimir et mourut à Fougères, le 2 Mai 1807, dans sa onzième année, vingt-huit jours avant sa grand'mère. De sorte que les deux sœurs, nos grand'tantes, ont vécu ensemble, chez Casimir de Kermarec, pendant près d'un an.

Le citoyen *Jean Hacard* dont il est question à l'article onzième du testament, ou plutôt *Jean Hacquart,* était natif d'Andouillé, canton de Saint-Aubin d'Aubigné. Recteur de Broons, il fut enfermé à Saint-Mélaine (Rennes), le 14 Août 1792, sur le refus de faire le serment schismatique. De là, il fut déporté à Jersey. Il était alors âgé de quarante neuf ans. Il ne tarda pas à revenir en France ; il vint se cacher à Broons et en Saint-Jean-sur-Vilaine, au village des Alleux. Il ne put toutefois échapper aux révolutionnaires qui l'arrêtèrent et le conduisirent dans les prisons de Rennes. Là, le 9 Juin 1798, ce vénérable confesseur de la Foi fut de nouveau condamné à la déportation et envoyé à l'île de Ré, où il aborda le 31 août. L'abbé Hacquart ne recouvra sa liberté que le 7 août 1802. L'année suivante, année du testament de Françoise Bertho, Veuve de Kermarec, il fut réinstallé dans la cure de Broons, et y mourut en 1821, à l'âge de 78 ans.

Le 1er Janvier 1806, notre trisaïeule ajoutait les conditions suivantes à son Testament.

COPIE DU TESTAMENT

Je soussigné Françoise Bertho, Veuve K/marec de Traurout, déclare par le présent codicile en addition à mon tastament du sept frimaire an douze au rapport de Monsieur Pocquet le Jeune, et son collègue notaires à Rennes, dans lequel, je persiste en son entier, donne et lègue à Mandieu, père, mon jardinier de la Balluère, la jouissance viagère jusqu'à sa mort d'une rente de cents francs tournois prise sur la ferme de Mégalerais dont est fermier Julien Fréreux. Le dit Mandieu entrera en Jouissance de la dite rente du jour de mon décès. Elle lui sera payée en deux termes égaux de la Saint-Georges et de la Toussaint par le fermier qui occupera la dite terre, et déclare nommer pour exécuteur testamentaire Monsieur Toullier déjà employé dans mon testament ci-dessus relaté. Fait à Rennes ce douze Novembre mil huit cent cinq.

Signé : Françoise Bertho Veuve K/marec de Traurout.

Ajoutant à mon présent codicile,

A mon petit-fils Lorgeril, ma boîte d'or venant de son père. A mon fils Félicité de K/marec une douzaine de mouchoirs bleus à double-carreaux rouges ; à sa femme, une robe et jupe de satin brun et une robe fond brun chiné.

A ma belle-fille Hypolithe K/marec, une robe et jupe de taffetas changeant, un grand châle d'indiennne fond jaune.

A ma belle-fille Léandre K/marec, ma plice de taffetas garnie de peau et mon petit mantelet de taffetas, garni d'une belle et grande dentelle.

A la mère Cœur de Marie, trois paires de draps de lit à mon usage qui seront à son choix, six têts d'oreiller des meilleures sans garniture, une douzaine de serviettes blanches numéro deux et une autre douzaine de serviettes neuves de toiles de chanvre, une douzaine de mouchoirs à fond bleu, barres rouges qui ne sont point marqués.

A La Bernard, l'usufruit de la petite quantité du pré qu'avait Tanvèse.

A Rennes, ce premier Janvier mil huit cent six.

Signé :

Bertho, Veuve de K/marec de Traurout.

PARTAGE DE LA SUCCESSION

(*Copie de l'acte*).

Entre les soussignés : François-Claude de K/marec de Traurout aîné, Hypolite-Marie de K/marec, Jean-Baptiste-Félicité de K/marec, Louis-Anne-Marie Aubrée, fondé de pouvoirs des sieurs Casimir-Pierre et Léandre-François-Cirille de K/marec et des sieur et demoiselle Castellan et Félix-Joseph-Marie Vatar, fondé de pouvoir du sieur de Lorgeril, a été passé le présent traité en forme de transaction par lequel il a été reconnu d'abord, que Dame Françoise-Marie-Charlotte, veuve de Claude-Joseph de K/marec de Traurout, mère commune, ayant par l'article six de son testament du sept frimaire, an douze, donné à Jean-Baptiste-Félicité de K/marec, le quart de tous ses biens, en y comprenant la somme de dix-huit mille livres qu'elle lui avait déjà donnée, sans qu'il puisse rien prétendre au delà du dit quart dans le partage de la succession (v. p. 109), parce qu'aussi on ne pourrait lui demander compte des biens vendus par la République, après le partage de sa succession, elle avait ajouté à sa donation cette modification importante ; qu'après qu'il aurait prélevé sur le quart des biens qui lui est léguée une valeur égale au septième de tous les biens dépendant de sa succession, il partagerait le surplus en six portions égales entre lui Jean-Baptiste-Félicité, Casimir-Pierre, Hypolite-Marie, Léandre-François-Cirille de K/marec, ses frères, Agathe-Claude, sa sœur et les enfants tant du premier que du second lit de Louise-Gabrielle, aussi sa sœur, qui n'y seront fondé que pour un sixième; que Mademoiselle Agathe-Claude de K/marec étant morte avant la dame de Traurout, sa mère (1), le sixième qu'elle devait avoir dans le partage du résidu de son quart fait à Jean-Baptiste-Félicité de K/marec après le prélèvement que ce dernier doit faire d'une valeur égale au septième de tous les biens est devenu caduc, ce qui fait naître plusieurs questions sur le point de savoir à qui cette portion doit accroître ; que Monsieur de Traurout aîné a prétendu que cette portion doit être réunie à la masse de la succession, c'est-à-dire aux trois autres quarts, dans laquelle masse il est fondé pour un cinquième, par la raison que Jean-Baptiste-Félicité en étant exclu au moyen du legs qui lui est fait, elle reste à partager entre les cinq autres enfants, ou leur représentant, sans que Jean-Baptiste-Félicité puisse à rien prétendre, que les cadets ont prétendu au contraire que la portion d'Agathe-Claude de K/marec dans le legs du quart, étant devenue caduque, devait accroître à tous ceux qui étaient appelés à partager le legs après le prélèvement que doit faire Jean-Baptiste-Félicité, d'une valeur égale au septième de tous les biens et qu'ainsi l'aîné n'y pouvait rien prétendre. Qu'enfin Jean-Baptiste-Félicité de K/marec a prétendu que la portion dont il s'agit doit lui accroître en entier sans qu'il soit tenu de la partager avec ses frères cadets, sur quoi les parties transigeant irrévocablement, sont convenues de ce qui suit.

Ier

Par suite du testament de Madame de Traurout du sept frimaire an douze le quart de tous les biens dépendants de la succession sera distrait en comprenant dans ce quart la somme de dix huit mille livres dont Jean-Baptiste-Félicité de K/marec doit le rapport qui sera complété pour former la masse de la succession.

---

(1) Agathe de Kermarec mourut à Broons, le 13 Mai 1806.

2

Sur le quart ainsi composé il prélèvera un septième de tous les biens de la succession en comprenant dans ce septième les dix-huit mille livres qu'il doit rapporter.

3

Enfin le surplus du quart sera divisé en six portions : la première pour Jean-Baptiste-Félicité, la seconde pour Casimir-Pierre, la troisième pour Hypolite-Marie, la quatrième pour Léandre-François-Cirille, la cinquième pour M. de Lorgeril, Monsieur et Mademoiselle de Castellan, représentant Louise-Gabrielle de K/marec, leur mère, et qu'enfin la sixième portion, qui eût appartenu à Agathe-Claude de K/marec, sera divisée en six portions, entre Monsieur Traurout aîné et les cadets ci-dessus désignés.

4

Comme toutes les divisions et subdivisions indiquées dans les articles précédents pourraient morceler les biens de manière à en diminuer la valeur, les parties se réservent de prendre entre elles des arrangements amiables pour donner à chacune d'elles la portion qu'elle doit avoir après que la masse des biens de la succession sera formée par expert, soit par une convention générale agréée de toutes les parties.

5

Comme on a partagé sans écrit une partie du mobilier suivant un mode différent de celui qui vient d'être indiqué, il est convenu de laisser subsister ces partages partiels, tels qu'ils ont été faits, sans rapport de part ni d'autre, parce que néanmoins l'argent des ventes qui ont été faites sera partagé suivant le mode ci-dessus indiqué.

Fait en six doubles, à Rennes, ce dix octobre mil huit cent sept.

Suivent les signatures.

Partage des BIENS dépendant de la Succession DE Dame Françoise-Marie-Charlotte BERTHO Veuve de Claude-Joseph de K/MAREC de TRAUROUT

décédée à Rennes, le 29 Mai 1807.

---

19 Mars 1808. Entre nous soussignés, François-Claude de K/marec de Traurout, Hippolite-Marie de K/marec, Casimir-Pierre de Kermarec, Léandre-François-Cyrille de K/marec, Louis-François-Marie de Lorgeril, représenté par Félix-Joseph-Marie Vatard, son procurateur, aux fins d'acte sous seing privé, enregistré à Rennes le 1er octobre 1807, Ange-François-Joseph de Castellan, faisant tant pour lui que garantissant pour Marie-Victoire Eléonore de Castellan, sa sœur ; ces trois derniers représentant Louise-Gabrielle de Kermarec leur mère ; tous majeurs, enfans ou petits-enfans et seuls héritiers de Dame Bertho, Veuve de K/marec ; a été fait et arrêté le présent partage et réglement de nos droits dans la succession de notre mère et grand-mère, en conformité de son testament authentique du six frimaire an douze et d'après les clauses et conditions arrêtées en l'acte sous seing privé, fait sextuple à Rennes le 10 Octobre 1807.

Partage des biens immeubles, y compris les rentes foncières et censives, et le rapport de dix huit mille livres dûes par Jean-Baptiste-Félicité légataire.

ARTICLE PRÉLIMINAIRE

L'Etat et appréciation des immeubles et rentes ayant été dressé et fourni par le sieur Guillaume, nommé à cette effet notre procurateur et expert commun a été approuvé et arrêté par nous, le 30 Mars 1808, tel qu'il sera rapporté au long dans l'acte notarié qui sera passé aux fins du présent et le dit grand des biens s'est trouvé offrir en immeubles et rentes convenancières, foncières et censives, un revenu de quatorze mille cinq cent quatre vingt deux livres onze sols, formant un capital de deux cent quatre yingt onze mille six cent cinquante et une livre (s), à quoi ajoutant les dix-huit mille livres donnés à Jean-Baptiste-Félicité par acte entre vifs du 17 ventôse an 11, enregistré à Rennes le 18, le total s'élève à trois cent neuf mille six cent cinquante une livres.

Sur laquelle somme opérant selon qu'il est prescrit par le testament et l'acte ci-dessus référé, nous avons réglé et déterminé comme suit la part revenant au légataire.

La somme totale divisée en quatre a donné un capital de soixante dix sept mille quatre cent douze livres quinze sols. Sur quoi déduisant le septième du tout montant à quarante quatre mille deux cent trente cinq livres dix sept sols un denier revenant au légataire, il est resté trente trois mille cent soixante seize livres dix sept sols onze deniers.

Dont le sixième revenant encore au légataire s'est trouvé cinq mille cinq cent vingt neuf livres neuf sols huit deniers.

Et enfin un semblable sixième donné par le testament à feue Agathe Claude de Kermarec devant être de nouveau partagé en six, pour le légataire en avoir un sixième, montant à neuf cent vingt une livres onze sols sept deniers.

Ses droits *dans cette partie des biens* ont été ainsi réglés et arrêtés à cinquante mille six cent quatre vingt six livres dix huit sols quatre deniers. Sur quoi venant en moins prenant, à raison de dix-huit mille livres mentionnées ci-dessus, ses droits sur le quart légué se sont définitivement réduits a trente deux mille six cent quatre vingt six livres dix huit sols quatre deniers.

Article 1er

Et pour procéder à l'assiète du legs fait à Jean-Baptiste-Félicité, le partage des biens a été fait le 11 Mars 1808, en quatre lots égaux, le même jour ils ont été tirés au sort, et le premier échu à Jean-Baptiste-Félicité légataire aux charges et conditions ci-dessus déterminées, il a déclaré retenir et nous avons consenti à ce qu'il retînt et gardât en toute propriété les objets suivants.

Savoir

Le château et retenue de la Cornilière et la métaierie de la garde estimés vingt quatre mille deux cent quarante livres.

Les terres de la Foucaudière et de la demoiselle Trauchon commune d'Amanlis, estimées quatre mille cinq cent soixante livres.

Une rente convenancière en Trégomeur de dix boisseaux et demi de froment, mesure de St-Brieuc, dûe par Drillet et consorts, suivant déclaration du 30 Août 1737, au rapport de Vilou, controllé à Binic, le 5 Septembre suivant estimée mille quatre-vingt livres.

Autre rente convenancière en Trégomeur, de neuf boisseaux trois quarts froment, mesure de St-Brieuc, dûe par les Touvains, suivant déclaration du six Octobre 1739, au rapport de le Vilou, contrôlé à Binic le 8 suivant, estimée sept cent quatre-vingt livres.

Une rente foncière de trente livres, dûe par Marie Michelle Veuve Lesnée, commune de Planguenoual, estimée six cent livres.

Une rente censive en Trégomeur, de dix neuf boisseaux froment mesure de Saint-Brieuc, dûe par Claudine Cherruyer et consorts, suivant contract du 23 Septembre 1782, au rapport de Vitel, notaire de la Roche-Huart, estimée quinze cent vingt livres.

Et le prix total de ces différents objets excédant la somme fixée dans le précédent article de quatre-vingt treize livres un sol huit deniers, Jean-Baptiste-Félicité a compté en argent à ses cohéritiers le dit excédent qui a été de suite partagé entre eux.

Article 2e

Procédant ensuite au réglement des droits de François-Claude K/marec de Traurout, il a été reconnu qu'il lui revenait 1° pour son cinquième dans les trois quarts du tout, quarante six mille quatre cent quarante sept livres treize sols ; 2° pour son sixième revenant à feue Agathe Claude, neuf cent vingt une livre onze sols sept deniers.

Total : quarante sept mille, trois cent soixante neuf livres quatre sols sept deniers.

Et voulant éviter autant que possible le morcellement des biens et faciliter le partage, il a été offert à notre frère François-Claude de retenir pour sa part et portion les objets qu'il lui conviendrait de choisir, ce qu'ayant accepté, il a déclaré prendre et choisir les objets ci-après et s'en contenter, malgré que l'estimation soit inférieure à ce qui lui revient, et d'un autre côté avons consenti à ce qu'il prît et retînt en toute propriété pour se remplir de ses droits héréditaires en cette partie de la succession les objets suivants.

Savoir :

La métairie de la Cour du Mesnil, située en Louvigné et Domagné, estimée vingt trois mille sept cent soixante livres.

Le moulin du Pont de pierre, estimé quatre mille huit cent livres.

Le lieu du bourg de Broons, légué à demoiselle Bernard et au sieur Hacard pour en jouir pendant leur vie, estimé seize cent livres.

Le lieu du Gravier, estimé treize cent livres. Le lieu de Mégaleraye, estimé quatre mille livres. Une rente censive à Trégomeur de vingt sept boisseaux et demi de froment, mesure de St-Brieuc, due par la veuve Moreau et consorts, suivant déclaration du 12 Mars 1804, au rapport de Corvaisier, enregistré à Châtelaudren le dit jour, estimée deux mille deux cent livres.

Une rente censive à Trégomeur, d'un boisseau et demi de froment, mesure de St-Brieuc, suivant déclaration du 1er Mai 1765, au rapport de Vilou, contrôlé à Binic le 12. Estimée cent vingt livres.

Autre rente convenancière en Trégomeur de dix boisseaux et demi froment, mesure de St-Brieuc, due par Olivier Leméné et consorts, suivant déclaration du 26 Octobre 1767 au même rapport, estimée huit cent quarante livres.

Article trois

Le reste des biens ayant été remis en masse, il a été formé quatre lots comme suit.

1er Lot

La métaierie et retenue de la Fontaine Menet, estimée vingt deux mille huit cent livres (Plévran, canton St-Brieuc). La métairie du Pas-Thomas estimée quatorze mille livres.

La métairie des Douves estimée sept mille six cent livres. (Plénée Jugon, C.-d.-N.).

La métairie de la Villeguéri, estimée cinq mille six cent livres. (Plénée-Jugon).

La métairie de la Goulière en St-Jagu, estimée deux mille cinquante deux livres.

Une rente foncière de trois quarts froment, mesure de Lamballe, dûe par René Rouault et consorts, demeurant commune d'Yllion, payable à la Saint-Michel. Estimée trois cent livres.

Une rente d'un quart de froment, mesure de Lamballe, dûe par François Le Corquillé demeurant en Yllion, payable à la Saint-Michel, estimée cent livres.

Une rente de trois quarts froment, plus un godet et un chapon, mesure de Lamballe, dûe par la veuve Guimard et consorts, demeurant en Yllion, payable à la Saint-Michel, estimée trois cent quarante livres. Une autre rente de trois quarts et demi de froment, dûe par Charlotte Botherile et consorts, demeurant en Yllion, payable à la Saint-Michel, estimée trois cent cinquante livres.

Une rente de cinq quarts froment, dûe par David et consorts, demeurant au village de Trévily, commune de Maroué, payable à la Saint-Michel, estimée cent livres.

2e Lot

La métairie de Trévily, estimée quatorze mille neuf cent livres.

Celle de la Forière, estimée quinze mille six cent livres.

Celle de la Lande-ès-Glesnets, estimée neuf mille huit cent quarante livres.

Les moulins à Eau et à Vent de la Cornilière, estimés six mille livres.

La métairie des Rues d'à Bas, dans le Gouray, estimée cinq mille six cent livres.

Une rente foncière de quatre quarts de froment, mesure de Lamballe, dûe par Michel Helo d'Iffiniac, payable à la Saint-Michel, estimée quatre cent livres.

Autre rente de six quarts de froment, mesure de Lamballe, plus un chapon, dûe par Joseph Villefray, demeurant à Pommeray, payable à la Saint-Michel, estimée six cent quinze livres.

Autre rente de deux perrées de froment, mesure de Lamballe, dûe par Jean Beurier et consorts, demeurant en Maroué, estimée huit cent livres.

3e Lot

La métairie de K/danet en Pol, près Carhaix, estimée quinze mille livres.

La métairie de Saint-Eloy, située même commune, estimée dix mille deux cent livres.

La métairie de Bonne-Maison en Châteaubourg, estimée douze mille sept cent quatre vingt livres.

Le lieu de la Basse-Ville en Broons-sur-Vilaine, estimée deux mille huit cent soixante livres.

La métairie de Bellevue en Plénée, estimée huit mille quatre cent livres.

Une rente convenancière en Trégomeur de quatre boisseaux froment, mesure de Saint-Brieuc, plus un chapon, dûe par François Pérousseau et consorts, suivant déclaration du 11 Août 1745, au rapport de Blouin, estimée trois cent trente cinq livres.

Autre rente convenancière en Trégomeur, de cinq boisseaux froment même mesure, dûe par Jacques et Jean Héré, suivant déclaration du 26 Avril 1768, au rapport de Vilou, contrôlé à Binic le 28, estimée quatre cent livres.

Autre rente convenancière en Trégomeur, de dix huit boisseaux froment, même mesure, dûe par la tenue à la Blouin par Guégan et consorts, suivant déclaration du 27 Avril 1730, au rapport de Vilou, enregistré à Binic le 11 Mai suivant, estimée quatorze cent quarante livres.

Une rente censive de dix-huit quarts froment, mesure de Lamballe, due par Mathurin Hervé et consorts, demeurant en Maroué, estimée dix-huit cent livres.

Une rente de six livres, dûe par Eugènie Oisel, demeurant à Trévili en Maroué, payable à la Saint-Michel, estimée cent vingt livres.

Une rente de trois livres, dûe par Avril et consorts, demeurant à Lamballe, payable à la Saint-Michel, estimée soixante livres.

Une rente convenancière en Trégomeur, de deux boisseaux

froment, ancienne mesure de Saint-Brieuc, dûe par Louis Bochelet ou Guillaume Tangui, suivant déclaration du 29 Juillet 1777, au rapport de Jolivet, estimée cent soixante livres.

4e Lot

Les métairies suivantes, commune du Gouray :

Le Gros Chêne, estimé huit mille livres.

La Porte Badouard, estimée huit mille cinq cent livres.

La Croix, estimée six mille livres.

La Ville-ès-Gouyon, estimée dix mille livres.

Le Pas-aux-Biches, estimé six mille six cent livres.

L'hôtel Trovet, estimé trois mille six cent livres.

La Hibetière, estimée neuf mille six cent livres.

Une rente foncière de dix quarts froment, ancienne mesure de Lamballe, et deux chapons, payables à la Saint-Michel par Louis Le Frost, demeurant au Prêche en Grénieux, estimée mille trente livres.

Autre rente de trois quarts et un godet froment, mesure de Lamballe, payable à la Saint-Michel, par François Robert, demeurant en Pomeray, estimée trois cent vingt cinq livres.

Les quatre lots cy-dessus ayant été ainsi établis, balancés et jugés égaux, les différences en somme compensant les différences de bonté et valeur réelles et tous autres avantages qu'ils puissent être sans qu'il soit besoin de stipuler de retour de lot, il a été procédé, le même jour 19 mars, au tirage au sort entre les copartageants, non encore apartis et le premier lot est échu à Léandre-François-Cyrille de K/marec.

Le deuxième à Hypolite-Marie de K/marec.

Le troisième aux enfants de Louise-Gabrielle de K/marec, sauf à le partager entre eux, comme bon leur semblera.

Le quatrième à Casimir-Pierre de K/marec.

Qui tous ont déclaré vouloir accepter le lot à eux échu et vouloir s'en contenter.

Article 4

Et au moyen des opérations ci-dessus référées, chaque cohéritier s'étant trouvé aparti, il a été convenu en général :

1° Chacun entrerait en jouissance de ce qui lui est échu à

partir de la Saint-Michel, 29 Septembre 1807, pour le retenir et posséder en toute propriété, selon l'étendue de bornement des fermes et baux actuellement existants.

2° Que chaque cohéritier acquitterait seul pour les objets à lui échus, toute espèce de contribution, à compter du premier janvier mil huit cent huit.

3° Que dans toutes les poursuites à faire pour obtenir payement de ce que doivent encore à la Masse, les fermiers et débiteurs des rentes, sur les années antérieures au 29 septembre 1807, le propriétaire actuel ne pourra réclamer par privilège, que le prix de l'année échéante au vingt neuf septembre mil huit cent huit.

4° Les co-partageants se promettent respectivement toute garantie de fait et de droit et particulièrement celle qui pourrait résulter de l'éviction de tout ou partie des objets ci-dessus partagés, sans néanmoins entendre parler ici, des remboursements qui pourraient être faits des rentes, tant foncières que censives et même convenancières, ne voulant que les propriétaires puissent en prétendre indemnité quelque préjudice qu'ils en souffrent. S'engagent de plus, les soussignés, à souffrir les servitudes qui pourraient être dûes entre les fonds voisins et à ne les exiger qu'ainsi qu'elles l'ont été par le passé.

5° Les titres et tous autres papiers relatifs aux biens et droits échus à chaque cohéritier par le présent partage, seront distribués et remis à chacun d'eux selon qu'il appartiendra. Les titres et papiers communs resteront aux mains de François-Claude de K/marec aîné, sur inventaire duement signé et arrêté, à charge d'en aider les autres au besoin.

A cet effet, il est convenu de charger le Sieur Guillaume de réunir, le plus tôt possible, tous titres et papiers dépendans de la succession afin de remettre aux différents propriétaires ceux qui les regardent particulièrement et tous autres communs, d'en dresser inventaire et de les remettre à François-Claude de K/marec, sauf aux autres à s'en faire délivrer expédition ou copies certifiées à leurs frais.

CHAPITRE DEUX

Règlement et partage des DETTES

ARTICLE PRÉLIMINAIRE

Attendu que les conditions du don de dix-huit mille livres fait à Jean-Baptiste-Félicité, confirmé et ratifié par le testament, le Légataire est dispensé de concourir au payement des dettes, à raison de cette somme reçue à titre particulier, nous avons fixé comme suit la part pour laquelle chacun des cohéritiers doit contribuer aux dettes.

Le Légataire paiera onze et demi par cent; François-Claude, quinze et demi par cent, et chacun des autres copartageants dix-huit et quart par cent. Quant à l'état des dettes et au mode de leur payement, il a été ainsi réglé et arrêté.

Article premier

Une rente viagère de cinq cent livres, net, hypotéquée sur la Fontaine-Menet, dûe à Madame Veuve Rosclaye.

Convenu qu'elle sera acquittée jusqu'à la mort de cette Dame par le propriétaire de la Fontaine-Menet, qui aura son recours vers ses autres cohéritiers, déduction faite de sa part.

Article deux

Une rente viagère de cent livres, net d'impôt, dûe à Emmanuel Mandieu, hypotéquée sur le lieu de la Mégaleraye (Broons).

Même clause et convention que sur la précédente, relativement au propriétaire de Mégaleraye.

Article Trois

La maison du bourg de Broons ayant été léguée à Demoiselle Bernard et au sieur Hacart, pour en jouir durant leur vie, il sera tenu compte chaque année, à François-Claude de K/marec, à qui la dite maison est échue en partage, la somme de quatre vingt livres, moins le cinquième pour contribution et la portion qui lui incombe de payer sur le reste et ce jusqu'à ce que la jouissance ne lui revienne par le décès des usufruitiers.

Article quatre

Une rente de cent livres dûe à Madame de Lescouët au capital deux mille livres. Il a été convenu qu'elle serait immédiatement remboursée.

Article cinq

Une rente de dix boisseaux froment, mesure de St-Brieuc, estimée mille livres, que l'on prétend dûe sur le lieu de la Fontaine-Menet, et dont l'on demande actuellement les années arréragées.

Et attendu que cette rente, que nous soutenons être purement féodale, vient cependant d'être déclarée foncière par le tribunal de St-Brieuc, il a été convenu que sur l'avis des jurisconsultes, nous prendrions l'un ou l'autre des partis suivants.

Ou bien nous nous porterons appelant en commun et de suite du jugement de St-Brieuc, afin de faire déclarer la rente supprimée, sauf dans le cas de condamnation, à la rembourser avec tous les frais. - Ou bien nous compterons en argent au propriétaire de la Fontaine-Menet pour toute estimation du capital et arrérage échus et à échoir la somme de treize cent livres.

Et de plus les frais faits jusqu'au jour du versement qui aura lieu dans le mois à compter de la date de la consultation, portant que les héritiers ne doivent pas relever appel en commun à la charge par le dit propriétaire de la Fontaine-Menet de justifier dans dix-huit mois de l'extinction totale de la rente soit par la représentation de l'arrêt qui l'aura déclarée supprimée, soit par la quittance de celui qui s'en prétend aujourd'hui créancier.

de K/marec de Traurout, aîné. Casimir K/marec.
Félicité de K/marec Léandre de K/marec.
Félix Vatard. Hyppolite de K/marec.

Partage des biens et effets mobiliers dépendans de la succession de Dame BERTHO, Veuve K/MAREC, décédée à Rennes le 29 Mai mil huit cent sept.

Entre nous soussignés, François-Claude de K/marec de Traurout, Casimir-Pierre de Kermarec, Hyppolite-Marie de K/marec, Jean-Baptiste-Félicité de K/marec, Léandre-François-Cyrille de K/marec, Louis-François-Marie de Lorgeril, représentés par Félix-Joseph-Marie Vatar, leur procurateur, aux fins d'acte sous seing privé enregistré à Rennes, le 1er Octobre 1807, et en 1808, Ange-François-Joseph de Castellan, faisant tant pour lui que garantissant pour Marie-Victoire-Eléonore de Castellan, sa sœur ; ces trois derniers représentant Louise-Gabrielle de K/marec leur mère, tous majeurs, enfans ou petits-enfans et seuls héritiers de Dame Veuve Bertho de K/marec, a été fait et arrêté le présent partage et réglement de nos droits des biens et effets mobiliers dans la succession de notre dite mère et grand'mère en conformité de son testament authentique du six frimaire an douze et d'après les clauses et conditions arrêtées en l'acte sous seing privé, fait sextuple a Rennes, le dix Octobre mil huit cent sept.

Lequel partage joint à celui arrêté entre nous, le dix-neuf mars précédent, complète et termine l'entier partage de tous les biens dépendant de la succession de notre mère et grand'mère.

Le capital mobilier restant à partager a été réglé comme suit.

1° Pour ce qui restait de l'argent comptant après les petites dettes payées, la somme de six cent vingt deux livres quatre sols . . . . 622 l. 4 s.

2° Pour le produit de la vente des meubles non partagés en nature, y compris ce que chacun des copartageants a payé pour achats faits à ces ventes, la somme de six mille quatre cent trente trois livres six sols six deniers . . 6.433 l. 6 s. 6 d.

3° Pour rapport deux mille livres dû par les enfans de Louise-Gabrielle, notre sœur, selon la reconnaissance contenue dans son contrat de mariage, lequel rapport a été réduit à mille livres tant en considération de la close finale du partage accepté de la succession paternelle que de la renonciation que font par le présent les rapportants à leurs prétentions, en payement du supplément de la rente de quinze cent livres assurés à leur mère par le même contrat de mariage. Cy mille livres 1.000 l.

4° Pour le reliquat du compte fourni par le Sieur Guillaume et arrêté par nous le dix-huit mars présent mois, des revenus perçus depuis l'ouverture de la succession jusqu'au vingt neuf septembre mil huit cent sept, montant à la somme de sept mille cinq cent trente une livres cinq sols. 7.531 l. 5 s.

5° Et attendu que les revenus échus le vingt neuf septembre mil huit cent sept, non encore perçus, ne pouvant être partagés qu'au fur et à mesure des rentrées ce que nous réservons expressément. Le total des sommes à partager actuellement s'est trouvé monter à quinze mille cinq cent quatre vingt six livres quinze sols six deniers 15.586 l. 15 s. 6 d.

Sur lequel opérant ainsi qu'il est prescrit au testament et en l'acte du dix Octobre 1807, la part de chaque copartageant a été fixée comme suit :

Celle du légataire à deux mille cinq cent cinquante une livres huit sols . . . . 2.551 l. 8 s.

Celle de François-Claude de K/marec à deux mille trois cent quatre vingt quatre livres huit sols . . . 2.384 l. 8 s.

Celle de chacun des quatre autres à deux mille six cent soixante deux livres quatorze sols six deniers 2.662 l. 14 s. 6 d.

Lesquelles parts nous reconnaissons chacun en ce qui nous regarde, avoir reçu ce jour, comme aussi nous déclarons quittes les uns envers les autres de tous comptes, rapports, retours de lots, prix de meubles, achetés aux ventes, obligations quelconques relatives à la dite sucession, sauf l'exécution de celles réservées et stipulées au présent.

Voulant ensuite pourvoir au payement des dettes mentionnées en l'acte du dix-neuf mars, présent mois, et jugeant convenable de faire à cet effet un fond commun auquel chacun contribuerait selon la portion convenable et arrêtée, nous avons estimé suffisant de déposer :

La somme de quatre mille livres, dont Jean-Baptiste-Félicité légataire a apporté et compté quatre cent soixante livres 460 l.

François-Claude six cent vingt livres . . . . . 620 l.

Et chacun des quatre autres sept cent trente . . 2920 l.

Laquelle somme de quatre mille livres servira d'abord à rembourser la rente de cent livres dûe à Madame de Lescouët, ensuite à faire face au remboursement du capital et arrérages de la rente prétendue foncière par Monsieur Picot, ainsi que tous les frais si en définitif nous en sommes jugés débiteurs.

Le reste de la somme de quatre mille livres devant servir à acquitter tous les frais communs faits ou à faire pour l'entier éligement, liquidations et partage de la succession.

Et pour faciliter et assurer à chacun de nous l'exécution du présent partage et la jouissance des biens échus, il a été convenu que le grand des biens, arrêté par nous le dix mars dernier, serait déposé chez le sieur Pocquet notaire, pour en être délivré expédition en entier ou par extrait, au frais de qui le requérerait.

Comme aussi qu'il sera rapporté acte notarié du partage des immeubles et de nos déclarations respectives, d'avoir reçu nos parts et portions héréditaires dans la succession de notre mère et grand'mère et de nous en tenir quittes les uns les autres, sauf à chacun de nous à faire délivrer à ses frais du tout ou extrait, grosse ou expédition.

Et enfin il a été convenu que celui ou ceux d'entre-nous qui, par mauvaise contestation, soit en demandant, soit en déffendant, rendraient nécessaires la production en justice et l'enregistrement acte et celui du dix-neuf mai passé en supporterait seul tous les frais.

Fait à Rennes en huit doubles, le vingt mars mil huit cent huit.

Suivent les signatures.

Attendu une Erreur de Calcul qui s'est glissée dans les différents comptes et pro-comptes, au préjudice de M. J.-B[te]-Félicité, Légataire, il est convenu qu'il prélèvera, sur les quatre mille francs du fonds commun, la somme de deux cent vingt deux livres dont il donnera quittance au dépositaire en les recevant. Fait à Rennes le 25 Mars 1808.

Suivent les signatures.

D'après une pièce du 6 Avril 1808, constatant l'exécution du testament de Madame Bertho, Veuve de K/marec :

François-Claude demeurait à Rennes, rue Fablet. Hippolyte-Marie également.

Jean-Baptiste-Félicité demeurait à Rennes, rue du Guesclin.

Casimir-Pierre demeurait à Fougères.

Léandre-François, à Ferrières, canton du Teilleul (Manche).

Louis-François de Lorgeril demeurait à la Motte-Beaumanoir, commune de Pleugueneuc (I, et V.).

Ange-François de Castellan demeurait à Dinan.

Sa sœur Marie-Éléonore-Victoire Castellan demeurait à Grénieux, commune de Saint-Brandan (C.-d.-N.).

PIÈCE DU 11 JANVIER 1809.

Nous soussignés, authorisons Monsieur Guillaume à franchir, d'après le désir de Léandre-François-Cyrille de K/marec, notre frère, la rente dûe à Monsieur Picot, sur la métairie de la Fontaine-Menet qui lui est échue en partage, parce que néanmoins l'argent pour ce franchissement sera pris sur les fonds mis pour cet objet en dépôt chez Monsieur Pocquet le jeune et non sur les restants perçus depuis l'époque du dit dépôt, auxquels restans notre dit frère a renoncé par le billet qu'il nous a consenti le 17 décembre dernier 1808, par lequel il déclare vouloir se contenter (pour la part et portion des restans qui pourraient lui revenir depuis le dernier compte du vingt mars mil huit cent huit) de ce que son fermier de la Fontaine-Menet restait à devoir à la succession, au moyen de quoi, nous soussignés, renonçons à toute prétention sur le reliquat de compte du dit fermier de la Fontaine-Menet et à toutes prétentions le concernant.

Ce onze janvier mil huit cent neuf.

Suivent les signatures.

Le 17 sept. 1814, Léandre de Kermarec partageait avec ses frères, ses neveu et nièce, un héritage venant de la succession d'un oncle : « Gabriel de Traurout (François) décédé à Grénieux, près Quintin (C.-d-N.), le 8 janvier 1806 et de celle dont feüe dame Joséphine Salomé de Castellan, veuve douairière du dit feu Sieur de Kermarec jouissait par un usufruit jusqu'à son décès arrivé le 19 janvier dernier ». Ces mêmes héritiers liquidaient définitivement ce qui leur revenait de la succession de Eusèbe de Kermarec, leur frère et oncle (v. p. 47) et de Agathe Claudine, leur sœur et tante (v. p. 85).

Le château de Grénieux a été démoli et rebâti. Il est habité actuellement (1924) par Mme la Vicomtesse de Callac, propriétaire du dit château. Il se trouve dans la commune de St-Brandan, près la route départementale de Quintin à St-Brieuc, à deux kilomètres environ de Quintin (C.-d.-N.).

Léandre de Kermarec figure à la liquidation du milliard des Emigrés (Ille-et-Vilaine), 4 Mai 1827, concurremment avec Hippolyte-Marie, Jean-Baptiste-Félicité et Joseph-Félicité, Marie-Anne de Kermarec, Gustave-Marie de Chomart de Kerdavy, Mesdames Corbineau, de Grenedan, de Bourgon et de Pontbriand, nées de Kermarec, Louis-François de Lorgeril, Ange-François-Joseph de Castellan et Madame Le Froter, née de Castellan, comme héritier de Françoise-Marie-Charlotte Bertho, dame de K/marec de Traurout, sa mère, ascendante d'émigrés.

La terre de la Tertenais, où vécurent longtemps Léandre de Kermarec et son épouse, appartenait en propre à Françoise Bohineust, mais elle s'augmenta pendant la communauté. D'après la minute conservée chez M. Lenormand, notaire à Saint-Hilaire-du-Harcouët (Manche), il s'agit d'une terre et ferme, située en Ferrières et Buais, consistant en maison d'habitation et une terre de 8 hectares 20 ares, (41 vergées).

Nos ancêtres vinrent se retirer à St-Hilaire en 1825, probablement à l'époque de la St-Michel. Suivant deux actes (Anger, notaire) du 24 Sept. 1827 et du 1er Janvier 1832, il achetèrent : Une maison située au bourg de St-Hilaire, sur le bord de la Grande Rue, composée de cuisine, office, cave et corridor au rez-de-chaussée, chambre, deux cabinets et une cuisine au

1er étage, une chambre et deux cabinets au second, mansardes et greniers sur le tout, une cour, un jardin potager dans lequel existe un bûcher et des lieux d'aisance ; le tout dans un tenant ayant accès par le jardin, sur la place de l'Eglise. Cette maison avait été achetée de M. Pierre Fourneau, horloger, demeurant à St-Hilaire-du-Harcouët.

C'est actuellement (1924) la maison qui porte le n° 45, en face l'Hôtel-de-Ville, rue Waldeck-Rousseau ; autrefois, Grande Rue, place d'Orléans, rue de Bretagne.

Dans une pièce datée du 2 février 1835, Léandre se donne le titre d'écuyer : « *Soussigné Léandre, écuyer, demeurant au bourg de Saint-Hilaire*, constitue Pierre Anger, notaire », pour son homme d'affaires.

Notre bisaïeul : **LÉANDRE-FRANÇOIS-CYRILLE de KERMAREC,** *mourut à Saint-Hilaire-du-Harcouët, le 14 Avril 1839, dans sa 81e année.*

Le lendemain, il fut inhumé dans le cimetière paroissial.

Voici copie de la lettre de faire-part (v. p. 2) qui fut envoyée à l'occasion de cette mort.

Madame de Kermarec, Monsieur Amand de K/marec, Monsieur et Madame de Pont-Brillant et leurs enfans, Monsieur Alexandre de K/marec, procureur du roi, Madame Alexandre de K/marec et leurs enfans, Monsieur et Madame Letourneur et leurs enfans, Monsieur Paul de K/marec, Monsieur Lézin de K/marec, Monsieur et Madame Guilmard, Monsieur de K/marec (1), Monsieur Traurout de Vern, Monsieur de K/marec, président de chambre, Monsieur de Lorgeril (Louis), Monsieur de Castellan, Madame Veuve de Corbineau et sa famille, Monsieur le comte et Madame la comtesse de la Villegontier et leurs enfans, Madame Veuve Bohineux et sa demoiselle, Monsieur Bohineux prêtre, Monsieur Bohineux pharmacien et Madame Bohineux, ont la douleur de vous faire part de la mort de Monsieur K/marec leur époux, père, beau-père, grand-père, frère et oncle.

Saint-Hilaire-du-Harcouët, le 17 avril 1839.

---

(1) Hippolyte.

Au moment de sa mort, Léandre de Kermarec avait encore trois enfants du deuxième lit et quatre du second.

Les enfants du deuxième lit étaient : 1° Thérèse de Kermarec, dame de Pontbriand, propriétaire à Ploubalay, (v. p. 94) ; 2° Amand, employé des contributions indirectes à Pontrieux (v. p. 100) ; 3° Alexandre, procureur du roi à Ancenis (v. p. 101).

Les enfants du troisième lit étaient : 1° Caroline, femme Letourneur, domiciliée à Lonlay-le-Tesson (Orne) ; 2° Paul, employé des contributions indirectes à Chollet ; 3°. Lezin, dans la même administration, à Abbeville ; 4° Virginie, femme Guilmard ; son mari était employé d'octroi à Paris.

L'inventaire des meubles fut fait les 11 et 13 Mai 1839 ; mais je n'y ai trouvé rien de remarquable,

Les gravures sont estimées à des prix dérisoires.

Notons cependant :

Une horloge à roues en cuivre, estimée 100 francs.

Argenterie : 1 cuillère à soupe, 6 couverts unis, 6 autres couverts à filets et 12 cuillères à café, 6 unies, 6 à filets, le tout en argent, pesant ensemble 2 kilog. 325 grammes.

Estimée 505 francs.

1 montre en or à répétition n° 2068, prisée avec une petite croix en or, à 150 francs.

94 volumes dépareillés, qui sont en grand nombre des livres religieux.

190 bouteilles de vin de Bourdeaux et 10 autres du même vin. 8 litres d'eau-de-vie de vin.

3 robes et une plisse à l'usage de Mme Ve de Traurout. (Est-ce la pelisse, *plice,* dont il est question page 115 ?)

1 pendule avec socle en bois doré et cadran en argent, prisée à la somme de 125 francs, n° 107 de l'inventaire. Une glace, prisée, cadre bois doré, 30 francs ; 1 armoire en chêne avec ferrure en cuivre, 60 francs ; 1 montre à boîte d'argent, 20 francs ; 1 paire de pistolets d'arçon, 6 francs ; 1 canne en néflier : 1 armoire en cerisier, 20 francs ; 1 armoire en chêne, 40 francs ; 1 pistolet en cuivre ; 2 tabatières en buis ; 1 couteau à manche d'argent ; 1 canne en jonc ; 3 chandeliers en cuivre argenté ; 2 candélabres de même ; 1 selle en cuir pour monter à cheval, estimée 12 francs ; 1 cage à écureuil (au grenier)

EFFETS MOBILIERS

1° Les meubles inventoriés par M. Anger, suivant acte des 11 et 13 mai 1839 . . . . 4.133 fr. 50

2° Une rente perpétuelle de 2 francs dûe par Mathurin Lemoine, capital . . . . 40 fr. »»

3° Une autre rente de 4 francs 90, dûe par les héritiers, capital . . . . 98 fr. »»

4° 14 hectolitres de poiré estimé . . . . 60 fr. »»

Total . . . . 4.331 fr. 50

CRÉANCES

Plus une somme de 800 fr. dûe par F^s. Morin 800 fr. »»

Une autre de 200 fr. par Pierre Favry . . . . . 200 fr. »»

Une autre de 100 fr. par divers . . . . 100 fr. »»

En tout . . . . 5.431 fr. 50

Dont la moitié à la succession est de 2.715 fr. 75.

Sur les objets mobiliers, lors de la liquidation de la succession, Alexandre de Kermarec se réserva une pendule estimée 125 fr. ; Paul, une redingote et un coupon de drap ; Monsieur de Pontbriand, une montre d'argent estimée 20 fr. ; Monsieur et Madame Guilmard, la moitié de l'argenterie estimée 252 fr. 50, un pistolet de poche estimé 1 fr. 50, une canne en jonc estimée 2 fr ; Madame Letourneur, divers objets en nature.

IMMEUBLES de la COMMUNAUTÉ existant entre LÉANDRE de K/MAREC et FRANÇOISE LE BOHINEUST.

1° Une maison, située au bourg de Saint-Hilaire, sur le bord de la grande rue. Evaluée 11.000 fr.

2° Une terre et ferme nommée la Restaudière, en Villéchien, 16 hectares. *(Dont jouit Morin, 20 mai 1840).* Monsieur de Traurout l'avait acquise le 1er juin 1812. Estimée 35.000 fr.

3° Un moulin à eau connu sous le nom de *Moulin de Ferrières*, estimé avec dépendances 4.000 fr.

4° Une pièce de terre joignant le dit Moulin en Ferrières, exploitée par Morin, contenant 66 ares, estimée 2.000 fr.

5° 3 bois taillis, un pré, une lande et 4 pièces de terre labourable contenant 4 hectares et 20 ares aux lieux et environs de la Tertenais, en Ferrières et Buais, exploités par le sieur Morin, fermier d'une métairie appartenant en propre à Madame Traurout. Acquise à diverses époques.

Estimation des immeubles 59.000 francs.

Notes prises en l'étude de M. LENORMAND, notaire à St-Hilaire-du-Harcouët, successeur médiat de Pierre ANGER. Le 25 Août 1921.

DU 20 MARS 1840

Amand de K/marec, représenté par Alexandre ; Monsieur et Madame de Pontbriand, propriétaires à la Ravillais en Plouballay (C.-d.-N.) ; Paul de K/marec, employé de contributions, précédemment à Cholet, actuellement à Saintes (Charente Inférieure) ; Lézin, employé de contributions à Abbeville.

Monsieur de Pontbriand et Messieurs Amand et Alexandre de K/marec sont héritiers pour un septième, Madame Letourneur, Messieurs Paul, Lézin de K/marec, Monsieur et Madame Guilmard, pour chacun un septième.

Madame Veuve de K/marec de Traurout et ses quatre enfants sont légataires d'un quart à titre de préciput, aux termes de deux testaments : le 1er, devant Anger, le 31 Mars 1837 ; le deuxième, du 8 Août 1837.

Le legs excède la quotité disponible du quart. Une partie vendue le 26 et le 27 du mois de mai 1839. Dots de Madame Letourneur et de Madame Guilmard.

1.700 fr. à Paul de Kermarec pour avance d'hoirie. 1.000 fr. pour cause d'aliénation d'immeubles propres à Thérèse Gandon, deuxième épouse de Léandre de K/marec + 45 fr. 83 pour onze mois d'intérêt au profit des enfants du deuxième lit.

Au profit de Madame Veuve Traurout, 2.200 fr., vente d'une petite ferme à elle propre, située au village du Gué, en Savigny-le-Vieux, (Manche), plus 100 fr. 83 pour onze mois d'intérêt.

La communauté doit remploi : 1° des biens aliénés pendant le mariage et des immeubles situés en Plénée, Lanvallon, Trégomeur, Tréméloir, vendus 17.797 fr. 50, à Monsieur et Madame de Castellan, le 24 Juin 1837, et de la métairie de Sainte-Anne, commune de Buais.

2° La Villeguéri (Plénée-Jugon), vendue 5.608 fr., 3° un moulin à eau, Moulin de la Goulière en Le Gouray (C.-d.-N.).

4° M. de K/marec a échangé deux métairies, appelées l'une la Fontaine-Menet (Plédran, canton de St-Brieuc), l'autre la Malheurtant, située commune de Cœtmieux (canton de Lamballe), contre deux autres métairies : La Bérangerie et la Huardière (commune de St-Ellier, Mayenne), avec M. Edmond de Pontbriand (son gendre) et Thérèse de K/marec (sa fille), le 26 Juillet 1832 (Denoual, notaire à Fougères), moyennant une soulte ou récompense par la succession. Ensemble . . . . 30.015 fr. 50
Plus les intérêts de cette somme depuis le décès 1.375 fr. 71

31.391 fr. 21

La domestique, Julie Morin, a été payée 179 fr. et 14 fr. ont été versés à M. Lair, docteur, pour visites à M. Dutraurout. (*sic*).

Immeubles de la succession

1°. Une métairie à Pontaumer (Plénée-Jugon), estimée 30.000 fr. ; 2° Les Douves, estimée 20.000 fr. ; 3° La Bérangerie estimée 28.000 fr. ; 4° La Huardière, estimée 26.000 fr.

La Masse du *Mobilier* de la *communauté* s'élève à 10.080 fr. 03

Division de la Masse de la Succession

Le quart légué à titre de préciput aux quatre enfants du 2° lit est de 34.680 fr. 33. Et le quart pour chaque enfant légataire 8.670 fr. 08. La réserve légale est de 104.040 fr. 96.

Et le septième de chaque enfant 14.862 fr. 99.

La part des trois enfants du 1er lit, étant pour chacun de 14.862 fr. 99, forme pour les trois : 44.588 fr. 97.

La part des quatre enfants du dernier lit, réunie à leur préciput, pour chacun : 23.533 fr. 07 et pour les quatre : 94.132 fr. 28.

Total de la masse : 138.721 fr. 25.

La part de Caroline de K/marec, femme Letourneur. a été mise à part. Il lui est attribué la métairie de la Huardière plus 474 fr. La métairie est estimée à 26.000 fr. Ensemble 26.474 fr. La part de Madame Letourneur étant de 23.533 fr. 07, ils auront à verser 2.941 fr. 26. (Net 23.532 fr. 74).

La part revenant aux enfants du 1er lit est de 44.588 fr. 97 et une créance de 1.045 fr. 83.

Ce qui donne 45.634 fr. 80.

Ensemble : 1° La métairie de Pontaumer, 30.000 fr.

2° Les Douves, 20.000 fr.

3° Une rente perpétuelle de 4 fr. 90 et une autre de 2 fr. Le tout 50.533 fr. 35 ?

L'excédent sera remboursé.

Les trois autres enfants et Madame de Traurout s'entendront ensemble.

De l'argent. — Puis : 1° La maison de Saint-Hilaire évaluée . . . . 11.000 fr. »»

2° La Restaudière en Villechien, ... 35.000 fr. »»

3° Le Moulin de Ferrières . . . . 4.000 fr. »»

4° La terre joignant le dit Moulin . . . . 2.000 fr. »»

5° La terre de la Tertenais . . . . 7.953 fr. 75

6° La terre de la Bérangerie. . . . . . . 28.000 fr. »»

7° D'autres créances, ...

En tout 88.746 fr.

Notre bisaïeule, Françoise Bohineust, vécut encore huit ans après la mort de son mari. La terre de la Tertenais fut vendue par elle, par Paul-Alexandre de K/marec, employé de contributions indirectes à Terminiers, près Patay, et par Lézin de K/marec, employé dans la même administration à

Lens, le 16 Juillet 1846, aux sieurs Dupont, Dubois et Boulaye, pour la somme de 15.000 fr. Sur cette somme 9.200 fr. revenaient à Françoise Bohineux.

Françoise-Elisabeth-Marie Bohineust, veuve de Léandre de K/marec, mourut à St-Hilaire du Harcouët, le 9 Mars 1847, et fut inhumée le lendemain, par M. Carnet, curé, en présence de M M. Lercussel et Genson, vicaires.

PIÈCE DU 8 SEPTEMBRE 1847

Bureau de l'Enregistrement

A comparu Hippolyte-Arsène Véron, clerc de notaire, demeurant à St-Hilaire.

Agissant au nom et comme fondé de la procuration passée devant Me Demondre, notaire à Paris, le 23 Mars dernier, de Virginie de K/marec, épouse de Hippolyte Guilmard, employé de l'octroi à Paris ; et se portant fort de Lézin. Cyrille de K/marec, employé à cheval des contributions indirectes demeurant à Albert ; 2° Paul-Alexandre de K/marec aussi employé, à la Résidence de Courville ; 3° Caroline-Reine de K/marec demeurant à St-Hilaire, épouse de Jean-François Letourneur, ex-commerçant à Lonlay.

Le comparant ès noms a déclaré que Françoise-Elisabeth-Marie Bohineust, leur mère, Veuve de K/marec, sans profession, est décédée à St-Hilaire, le 9 Mars dernier, laissant les biens ci-après :

1° Mobilier inventorié par M. Anger, le 10 Avril dernier, enregistré le 13. Prisé :	2.457 fr. 30
2° Une somme de 7.500 fr. restant pour la part de la défunte dans le prix de vente devant M. Anger le 16 Juillet de l'année dernière aux sieurs Dupont, Dubois et Boulaye	7.500 fr. »»
3° Proratas des loyers et fermages d'immeuble,	400 fr. »»
4° Créance de Joseph Morin à St-Hilaire, . .	200 fr. »»
Total :	10.557 fr. 30

Reçu 26 fr. 40

Dans un testament, en date de 1847, Françoise Bohineust, Veuve K/marec de St-Hilaire, « a légué aux pauvres de cette ville : Une somme de 90 fr. payables par ses enfants, legs mentionné, délivré et accepté dans une liquidation du 8 Décembre 1849, au rapport du notaire Anger.

Cette somme a été versée le même jour de la dite acceptation.

La maison de St-Hilaire, qui avait été estimée 11.000 fr., lors de la liquidation de la succession, fut vendue, le 3 Janvier 1848, à Monsieur Laclais, cirier, pour la somme de 9.100 fr. Elle appartient encore aujourd'hui (16 Oct. 1921) à une demoiselle Laclais, demeurant à Avranches, descendant de Laclais, cirier.

Virginie de Kermarec, femme Guilmard, avait fait faire, de sa mère, un portrait à l'huile. Ce portrait revint à notre oncle, Alexandre Letourneur, qui avait épousé Paulina Guilmard, sa cousine germaine. Quand il mourut, le 16 Mai 1888, le portrait revint à sa sœur, Elisa Letourneur, Veuve Suvigny, qui l'a donné à son neveu, l'abbé Deschamps, alors curé du Chefresne (canton de Percy, Manche), auteur de ces lignes, actuellement aumônier de l'hospice de Torigni (Manche), 15 Janvier 1924.

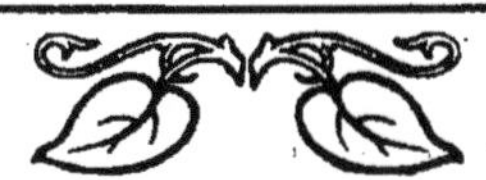

Descendance de Léandre-François-Cyrille de KERMAREC et Françoise-Elisabeth BOHINEUST.

A

Du troisième mariage de *Léandre de Kermarec* naquirent six enfants :

(B) 1° *Caroline-Reine*, 2° *Nathalie*, 3° *Léandre*, 4° *Paul*, 5° *Lézin*, 6° *Virginie*.

B

1. Caroline de K/MAREC

notre grand'mère.

Caroline-Reine-Léandre de K/marec naquit à Ferrières, canton du Teilleul, arrondissement de Mortain (Manche), au village de la Tertenais, le 17 Nivôse 1803 (7 Janvier). Voici la copie de son acte de baptême :

Caroline-Reine Kermarec de Traurout, fille du légitime mariage de Léandre-François-Cyrille K/marec de Traurout et de Françoise-Elisabeth Bohineust, de cette paroisse, née le 17 Nivôse mil huit cent trois, a été baptisée aujourd'hui par nous, prêtre desservant, soussigné. Le parrain, Amand K/marec de Traurout, frère paternel de l'enfant ; la marraine, Thérèse Bohineust, cousine germaine, de la paroisse de Landivy.

Le dix neuf Nivôse l'an onze, le neuf Janvier mil huit cent trois.

Signé :

Léandre de K/marec de Traurout.

Nicolle, prêtre.

Caroline fut d'abord élevée à Ferrières, puis alla en pension à Avranches. Au mois d'Avril 1825, elle demeure à St-Hilaire-du-Harcouët. Elle est demoiselle de magasin.

C'est à cette époque qu'elle épousa *Jean-François Letourneur.*

Le contrat de mariage eut lieu, à St-Hilaire, le 11 Avril 1825, entre :

Jean-François Letourneur, né à Lignères-la-Doucelle, département de la Mayenne, domicilié à Domfront, fils majeur de François Letourneur et de Marie-Jeanne Durand.

Et Caroline etc. domiciliée à St-Hilaire etc.

François Letourneur était né le 9 Germinal an neuf ; ce qui correspond au 28 Mars 1801. Il était âgé de 24 ans, et Caroline de 22 ans. Les parents de Jean Letourneur demeurent à Lignères (canton de Couptrain) : ceux de Caroline sont encore à Ferrières.

Le mariage eut lieu à Domfront (Orne), le 12 Avril 1825.

Les jeunes gens s'établirent d'abord, comme marchands de vins, à Domfront, où sont nés leurs deux premiers enfants. Ils vinrent ensuite s'établir à Lonlay-le-Tesson, commune de 422 hab., canton de la Ferté-Macé. (Orne). Leur neuvième et dernier enfant naquit en 1844, à St-Ellier, canton de Landivy (Mayenne).

La famille Letourneur vint, vers 1845, s'établir à St-Hilaire-du-Harcouët, près de Françoise Bohineust, Veuve de Léandre de Kermarec.

Caroline de Kermarec de Traurout, femme Letourneur, est morte à St-Hilaire, le 16 Juin 1876 et a été inhumée dans le cimetière de cette petite ville.

Son époux, Jean-François Letourneur, se retira près de ses deux sœurs, à Lignères-la-Doucelle (Mayenne), son pays natal, où il mourut, quelques mois après son épouse, le 13 Septembre 1876.

De son mariage avec Jean-François Letourneur, Caroline de Kermarec eut neuf enfants :

(C.) 1° *Caroline*, 2° *Anatole*, 3° *Edouard*, 4° *Alexandre*, 5° *Jules*, 6° *Elisa*, 7° *Anathalie*, 8° *Célestine*, 9° *Adolphe Letourneur*.

C

1° Caroline (II.) Françoise Letourneur, naquit à Domfront, le 16 Janvier 1826, et fut baptisée, le même jour, par M. Buisson, curé. Elle eut pour parrain, François Letourneur, de Lignères, grand-père paternel et pour marraine, Françoise Bohineust, dame de Kermarec, grand'mère maternelle, de Saint-Hilaire. Infirme, elle mourut à l'âge de douze ans.

C

2° *Anatole-Jean-François Letourneur* naquit à Domfront, le 3 Juillet 1827. D'après le calendrier, la fête de St-Anatole tombe le 3 Juillet et c'est probablement pour ce motif qu'on lui donna le nom d'*Anatole*.

Il fut ondoyé dans l'église de Domfront, le 3 Juillet, jour de sa naissance. Les cérémonies furent supplées, le 16 du même mois. Il eut pour parrain, Paul-Joseph Letourneur de Lignères ; et pour marraine, sa tante Virginie de Traurout, de Saint-Hilaire.

Employé d'octroi à Paris, il épousa en l'église St-Ambroise (Paris), le 21 Avril 1855, *Maria Beauchef*, née à Paris, le 4 Avril 1837. Il est mort à Paris le 14 Février 1880, âgé de 53 ans.

Maria Beauchef, femme Letourneur, Veuve à 43 ans, a passé le reste de sa vie, avec un courage extraordinaire, à élever sa fille, puis ses deux petits-enfants, morts depuis à la guerre. Elle a terminé ses jours chez son gendre, Jean-Marie Pichot, propriétaire à Champs-sur-Marne, le 22 Avril 1922, âgée de 85 ans.

De son mariage avec Maria Beauchef, Anatole Letourneur a eu trois enfants : (D) 1° *Auguste*, 2° *Adeline Letourneur*, 3° *une enfant morte au berceau*.

D

1° *Auguste Letourneur* naquit à Paris en 1856 et fut élevé chez son oncle par alliance, Amand Deschamps, instituteur aux Loges-Marchis. Il y vint vers l'âge de quatre ans et il y resta jusqu'en 1869. A cette époque, son père vint le chercher aux Loges-Marchis et l'enfant commença à apprendre le métier de menuisier, à Paris, avec son oncle Alexandre Letourneur. Il tomba sous un lourd madrier et mourut à Paris, rue de Montreuil, le 2 Février 1870, âgé de 14 ans.

2° *Adeline Letourneur* naquit à Paris, au mois de Décembre 1862. Elle fut élevée très pieusement. Elle était présidente du catéchisme de persévérance de Sainte-Marguerite (Paris), lors de son mariage.

Elle épousa en l'église Ste-Marguerite, le 31 Juillet 1884, *Albert Cosson*, rentier, né à Paris, le 29 Novembre 1853, fils d'Amédée Cosson et d'Elisabeth Bonnevin. Le mariage fut béni par l'abbé Anatole Deschamps, cousin germain de l'épouse, alors vicaire à St-Georges-de-Rouelley, canton de Barenton (Manche). Les jeunes gens vécurent quelques temps à Paris, puis allèrent habiter Montereau, chef-lieu de canton (Seine-et-Marne), dans une maison leur appartenant.

Albert Cosson est décédé à Montereau, le 8 Octobre 1893, laissant une fortune de 200.000 francs.

Adeline Letourneur vint habiter, près de sa mère, à St-Mandé (Seine), et elle épousa en secondes noces, le 25 Février 1896, *Jean-Marie Pichot*, représentant de commerce et propriétaire, né à Paris, le 21 Sept. 1865, fils de feu Louis Pichot et de Aline Decoste.

Adeline-Célestine Letourneur est morte à St-Mandé, le 23 Octobre 1902, âgée de 39 ans.

De son mariage avec Albert Cosson, Adeline Letourneur eut deux enfants :

(E) *1° Lucien et 2° Maurice Cosson.*

E

1° *Lucien Cosson* naquit à Paris, le 29 Avril 1889. Avant et après son service militaire, il travailla en vue du commerce de nouveautés. Il fit ses deux années comme soldat au 160e d'infanterie à Toul. Il partit comme caporal dès le début de la guerre 1914-1918 et disparut le 24 Août 1914.

2° *Maurice Cosson* naquit à Montereau, le 11 Janvier 1893. Il travailla pour être courtier en affaires, étudia la langue anglaise. Il fit son service militaire, au 39e régiment d'infanterie, à Dieppe et était sergent dans l'armée active lorsque la guerre éclata. Il disparut le 16 Février 1915.

Ces deux enfants furent élevés par leur grand'mère, Veuve Anatole Letourneur et leur beau-père, Jean-Marie Pichot, à Saint-Mandé (Seine). C'est à Paris qu'ils se préparaient à leurs carrières. Chaque année, ils venaient avec leur grand'-mère, chez leur cousine, à Antrain, Madame Lacocquerie, née Deschamps, et souvent aussi, chez leur cousin, l'abbé Deschamps.

Leur dernier voyage fut à l'occasion du mariage de leur cousin, Eloi Lacocquerie, le 15 Janvier 1913.

De son second mariage avec Jean-Marie Pichot, Adeline Letourneur a eu :

E

Une fille qui a vécu à peine quelques jours.

La postérité d'Anatole Letourneur et de Maria Beauchef est complètement éteinte.

Le Jeudi 15 Décembre 1921, les restes de Lucien Cosson, caporal au 360e régiment d'infanterie, " mort pour la France " à Hoëtville, Meurthe-et-Moselle, le 25 Août 1914, dans sa 26e année, ont été inhumés dans le cimetière de Champs.

Le même jour un service religieux a été fait pour lui et pour son frère :

Maurice Cosson, sergent au 39e régiment d'infanterie " Mort pour la France " à Cavroy-les-Hermonville (Marne), le 16 Février 1915, dans sa 23e année.

C

Édouard LETOURNEUR

Le troisième enfant de Jean-François Letourneur et de Caroline-Reine de Kermarec de Traurout fut :

Edouard Letourneur - Il naquit à Lonlay-le-Tesson, le 5 Janvier, et fut baptisé, le 27 Janvier 1829. Il eut pour parrain, Hippolyte Besnard, de St-Bomer ; et pour marraine, sa tante maternelle, Marie Letourneur, de Lignères. Il fut élevé à Lonlay et à St-Hilaire.

Il vint jeune à Paris, où il a exercé le métier de fruitier.

Il épousa, à Paris, en 1856, *Marie-Victorine Helloin,* fille de Gilles Helloin et de Marie Davoud ; née à Condé-sur-Noireau (Calvados), en Nov. 1837. Il mourut à Paris, le 7 Février 1882, âgé de 53 ans.

Son épouse est morte à Paris, avenue Parmentier, le 3 Novembre 1906, âgée de 69 ans.

De ce mariage sont nés plusieurs enfants.

Parmi eux :

(D) *1° Marie, 2° Emma, 3° Edouard, 4° Louis. 5° Célestine.*

D

1° *Marie Letourneur* naquit à Paris en 1858. Elle épousa à Paris en 1879, *Pierre Jeannin,* employé des postes, né à Paris en 1853. Elle mourut dans la même ville, en Juin 1884, âgée de 24 ans environ. Son époux, Pierre Jeannin, est retiré à Champigny, chez sa nièce, Berthe Constantin, qui a épousé Lucien Letourneur.

De ce mariage :

E

Eugénie Jeannin née à Paris, le 19 Février 1890, et morte dans la même ville, le 19 Juin 1915.

D

2° *Emma Letourneur* naquit à Paris en 1861 et y mourut en 1870.

3° *Edouard-Antoine Letourneur* né à Saint-Hilaire-du-Harcouët, le 7, et baptisé le 8 Avril 1864, mort au berceau.

4° *Louis Letourneur* naquit à Paris, en Octobre 1865. Il apprit le métier de maraîcher et s'établit à Champigny-sur-Marne (Seine). Il y mourut le 27 Novembre 1904.

Il avait épousé, vers la fin de 1892, à Champigny, *Clémentine Michel*, née à Paris, le 21 Octobre 1870.

De ce mariage, neuf enfants : (E) 1° *Louise*, 2° *Lucien* 3° *Marcelle*, 4° *Marie*, 5° *Marguerite*, 6° *Henri* 7° *Emile*, 8° *Édouard*, 9° *Stéphanie Letourneur*.

E

1° *Louise Letourneur*, née à Champigny, le 12 Avril 1894, est morte à l'âge de vingt un ans.

2° *Lucien Letourneur* est né, le 9 Avril 1895, à Champigny où il est maraîcher. Soldat pendant la dernière guerre, il fut blessé à la cuisse par un éclat d'obus et il a été opéré deux fois. Actuellement (Février 1924), il ne boite presque plus.

Il a épousé, à Champigny, le 24 Mai 1919, la nièce de son oncle par alliance, Pierre Jeannin, *Berthe Constantin*, née en 1893. De ce mariage :

F

René Letourneur, né en juin 1923.

E

3° *Marcelle Letourneur*, née à Champigny, le 2 Mai 1896. Brodeuse. Elle a épousé, le 23 Sept. 1920, *Jean-Baptiste Bousquet*, né en 1894.

De ce mariage :

F

Madeleine Bousquet, née le 2 Juillet 1922.

E

4° *Marie Letourneur,* née à Champigny, le 12 Août 1897. Ménagère ; elle a épousé, le6 Septembre 1919, *Louis Quigniot*.

De ce mariage :

F

1° *Roger-Amand*, né le 12 Octobre 1920 ; 2° *Robert Quigniot* né le 25 Déc. 1922.

E

5° *Marguerite Letourneur*, née à Champigny. le 2 Octobre 1898. Vendeuse dans l'alimentation. Elle a épousé, le 3 Juin 1922, *Victor Allo*.

6° *Henri Letourneur*, né à Champigny, le 24 Octobre 1899. Vendeur dans l'alimentation. Il a épousé, le 20 Août 1921, *Marcelle Deligne*, qui est morte le 23 Avril 1922.

7° *Emile Letourneur*, né à Paris, le 27 Oct. 1900. (Sa mère fit ses couches chez sa belle-mère, à Paris). Maraîcher.

8° *Stéphanie Letourneur*, née à Champigny, le 2 Sept. 1902. Manutentionnaire dans le papier.

9° *Edouard Letourneur*, né à Champigny, en Avril 1904. Mort par accident, le 10 Juillet 1918.

D

4° La dernière enfant de Edouard Letourneur et Marie Helloin :

Célestine-Léonie Letourneur est née à Paris, le 6 Mars 1871. Elle a épousé, le 10 Octobre 1899, dans l'église de Saint-Mandé (Seine), *Emile Nogues*, né à Combourg (I.-et-V.), le 10 Janvier 1872, fils de Jean Nogues et de Nathalie Bondin. Il est mort à Paris, le 12 Février 1918, âgé de 46 ans.

Emile Nogues était libraire et employé à la librairie Colin, à Paris. Son épouse a tenu aussi commerce de librairie jusqu'en 1920.

Ma tante Maria (v. p. 144) m'écrivait le 30 Août 1918 : « Quand j'appris, à Champs, la mort foudroyante d'Emile Nogues, je voulus partir de suite pour être près de ta pauvre cousine. Je partis donc pour Paris, le 18 Février, et j'arrivais à Passy, près de Célestine que je trouvai si désemparée et si triste, et là j'appris que c'est à la maison où il travaillait, vers midi, il causait avec sa fille, puisque c'était l'heure du dîner, quand tout d'un coup, Emma entendit un grand cri ; se retournant, elle vit son père étendu, ne donnant plus signe de vie. Il venait de succomber à une embolye au cœur. Mais à Emma on lui fit croire à une syncope pour atténuer son chagrin ; mais après, on dut le ramener chez lui. Ce coup fut terrible pour la pauvre Célestine qui vit arriver le corps de son cher mari que l'on ramenait à son domicile. Elle fut bien courageuse et ne perdit pas la tête. Et pourtant, Dieu seul sait son chagrin, car quand tout fut terminé, et qu'elle sait que c'est l'irréparable, là alors son chagrin, sa tristesse fait peine ; elle adorait son mari. C'était un ménage comme on en voit peu. »

Du mariage de Emile Nogues avec Célestine Letourneur est née :

E

Emma Nathalie Nogues, le 25 Septembre 1901. Ma tante Maria m'écrivait le 23 Août 1917 : " Emma, qui va avoir 16 ans, est chez Colin, le grand éditeur, pour les écritures. Son père étant vérificateur dans la maison depuis bientôt trois ans et étant très considéré, a eu la chance de faire entrer sa fille aux écritures. Elle part avec son père, déjeune avec lui et ils rentrent ensemble le soir.

Emma Nogues a épousé à Paris, le 26 Juillet 1920, dans l'église de la Miséricorde, *Maxime Renault*, fils de Joseph Renault et de Reine Nièse, né à Paris le 2 Mai 1896. Maxime Renault est comptable dans un bureau d'agent de change. La jeune dame Renault est dactylographe.

De ce mariage :

F

Emile Renault, né à Paris, le 3 Avril 1922, rue Gay-Lussac, 70.

C

4° *Alexandre-Basile Letourneur*, 4e enfant de Jean-François Letourneur et de Caroline de K/marec naquit à Lonlay-le-

Tesson, le 23 Juin. Il fut ondoyé le même jour, et les cérémonies du baptême furent suppléées le 31 Août de la même année. Il eut pour parrain, Basile Letourneur, de Lignères-la-Doucelle, et pour marraine, sa tante Viginie de K/marec de Saint-Hilaire-du-Harcouët.

Il fut élevé à Lonlay-le-Tesson et à Saint-Hilaire-du Harcouët et partit jeune pour Paris où il a exercé le métier de menuisier.

Il épousa, à Paris, en 1855, sa cousine germaine *Paulina Guilmard*, fille de Hippolyte Guilmard et de Virginie de K/marec, laquelle naquit en 1837, et mourut avant 1870.

Notre oncle Alexandre Letourneur est mort à Paris, le 16 Mai 1888, dans 58° année.

Du mariage Alexandre Letourneur et Paulina Guilmard sont nés neuf enfants, tous morts au berceau.

J'ai vu dans le registre de catholicité de Saint-Hilaire-du-Harcouët un acte de Janvier 1858, mentionnant l'inhumation de Célestine Letourneur, née à Paris, fille d'Alexandre Letourneur et de Pauline Guilmard, âgée de 13 jours.

C

5° *Jules Letourneur*, né à Lonlay-le-Tesson, le 29 Mai 1832, fut baptisé le 1er Juin de la même année. Il eut pour parrain, Louis Gibout, de Lonlay, et pour marraine, Marie Durand, femme Letourneur, de Lignères. Il fut élevé à Lonlay et à St-Hilaire. Il est mort à Paris vers 1868.

6° La sixième enfant de Jean-François Letourneur et de Caroline Reine de Kermarec, fut : *Elisa-Eugénie Letourneur*. Elle naquit à Lonlay-le-Tesson, le 9 Février 1834 ; elle fut baptisée le 12 du même mois. Elle eut pour parrain son frère, Anatole Letourneur, et pour marraine, Eugénie Durand, femme Ledonné, de Magny-le-Désert, (canton de la Ferté-Macé Orne). Elle fut élevée à Lonlay et à St-Hilaire.

Elisa Letourneur est morte à St-Hilaire, le 7 Mars 1906, âgée de 72 ans.

Le 13 Juin 1859, après la publication d'un ban, elle avait épousé, *Antoine-Michel Suvigny*, ferblantier.

Généalogie SUVIGNY

La famille *Suvigny* était une des principales des paroisses de Romagny et de Villechien, canton de Mortain (Manche). Il y a à Romagny un village qui s'appelle Suvigny.

I

Aubert Suvigny.

II

Julien Suvigny épouse, vers 1621, *Marie Trenché,* fille de Guillaume Trenché.

III

Michel Suvigny épouse, vers 1658, *Suzanne Chesnel,* fille de maître Jean Chesnel, sieur des Herseudières, greffier héréditaire de l'élection de Mortain et de demoiselle Julienne Lebigot. Tous de Romagny.

IV

Pierre Suvigny épouse, vers 1690, *Guillemine Poullain,* fille de Pierre Poullain, sieur de Launay et de demoiselle Renée Ponthaud.

V

4° enfant : *Guillaume Suvigny* qui épousa *Marie-Elisabeth Graffard,* fille de Pierre Graffard le Hamel et de Jeanne Mercier de Villechien (nièce de maître Pierre Graffard, prêtre.).

VI

Siméon Suvigny, né en 1731, âgé de 30 ans, épouse *Michelle-Françoise Bourdon du Coudray* ; décédé à l'âge de 55 ans, l'an 1786, le 21 Février, inhumé à Mesnil-Gilbert.

VII

Michel Suvigny qui épousa *Marie-Jeanne Brazard,* fille de Jean Brazard et de Marie-Jeanne Lemoussu, né le 3 Avril 1773, mort en 1832 à 59 ans, marié en 1806 à 33 ans. Michel était le frère de Jean, curé de Tanis, vivant en 1823 mort en 1844.

VIII. C

Antoine-Michel Suvigny, fils légitime de Michel Suvigny (maire) et de Marie-Jeanne Brazard, né d'hier au village du

Hamel en cette paroisse (Villechien) a été baptisé par nous, soussigné succursaire de Villechien, le 26 Juin 1832, et a eu pour parrain, Antoine-Auguste de Vauborel, oncle maternel et pour marraine, Julienne de Chancé.

Signé :

Julienne de Chancé A. de Vauborel

Hautraye
curé de Villechien.

(Registres de catholicité de Villechien).

Antoine Suvigny, ferblantier, avait épousé *Elisa Letourneur* (*ut supra*).

Il est mort à St-Hilaire, le 2 Janvier 1878, dans sa 46e année. Au moment du dîner, son épouse alla le chercher à son atelier. Elle le trouva mort.

Deux jours après, jour de l'inhumation de son mari, elle accouchait de son sixième enfant, *Marie Suvigny*.

La famille *Suvigny* a donné plusieurs prêtres au diocèse d'Avranches. Le dernier numéro de 1923 de la Revue de l'Avranchin nous donne quelques renseignements à ce sujet, à l'article **Romagny.**

Lorsque, le 13 Juillet 1749, Mgr. Durand de Missy donna la confirmation à Romagny, il y trouva *Pierre Suvigny*, sous-diacre. Ce Pierre Suvigny était né en 1725. Il devint curé d'Ancey, doyenné de Pontorson (Manche). Il donna la bénédiction nuptiale au mariage de son frère *Siméon*, à Husson, en 1760. Il mourut le 11 Mars 1783, âgé de 58 ans.

En 1791, *Guillaume Suvigny*, né à Romagny, prêtre depuis le 19 Septembre 1780, était vicaire dans sa paroisse natale. *Jean Suvigny*, frère du vicaire, avait reçu le diaconat, le 20 Mars 1790, et habitait dans sa famille. Sommés de prêter serment à la constitution civile du clergé, ils se rendirent à la mairie. Ils déclarèrent publiquement qu'ils ne le prêteraient pas et signèrent cette déclaration. Ils partirent pour Jersey au mois de Septembre 1792. La même année, *Jean Suvigny* fut ordonné prêtre à Jersey.

Le 5 Juin 1802, Guillaume Suvigny débarqua à Granville avec son curé et arriva à Romagny, le 12 du même mois. Le maire se rendit à leur rencontre avec 72 notables et leur présenta une adresse couverte de signatures, par laquelle les habitants de la paroisse leur témoignaient le regret de les avoir perdus et la joie de les revoir au milieu d'eux.

Guillaume Suvigny fut nommé curé de Sainte-Marie-du-Bois, doyenné du Teilleul (Manche), au mois de Nov. 1803.

Son frère, Jean Suvigny, était rentré en France en 1803. Il fut en 1804, nommé aumônier de l'hôpital de Barenton, et en 1815, curé de Tanis, doyenné de Pontorson (Manche), où il mourut en 1823.

C'est à ces deux ecclésiastiques que nous devons une des listes des prêtres du diocèse d'Avranches qui se trouvaient dans l'île de Jersey à la fin de l'année 1792.

De nos jours, *Louis-Cyprien Suvigny*, neveu d'Antoine Suvigny, né à Saint-Hilaire en 1859, est mort curé de Plomb, doyenné d'Avranches, le 9 Mai 1905.

D

Du mariage de Antoine Suvigny et de Elisa Letourneur sont nés six enfants : *1° Alexandre, 2° Georges, 3° Emile, 4° René, 5° Léon, 6° Marie.*

1° *Alexandre-Charles Suvigny* naquit à St-Hilaire, le 21 Août 1861. Au baptême, il eut pour parrain, son oncle paternel, Félix Suvigny et pour marraine, sa grand'mère maternelle, Caroline de Kermarec, femme Letourneur.

Alexandre Suvigny fut d'abord ferblantier comme son père. Il épousa *Octavie Cordon*, née à Naftel, canton d'Isigny (Manche), le 23 Août 1868, de Jean Cordon et de Véronique Béchet. Le mariage eut lieu à Naftel, le 7 Janvier 1889. Après son mariage, il laissa le métier de ferblantier et devint marchand en mercerie et lainages etc.

Alexandre Suvigny est mort presque subitement le 16 Décembre 1919.

Son fils m'écrivit à cette même date :

« Bien cher cousin,

Je vous adresse ces quelques lignes pour vous annoncer mon malheur et celui de ma mère.

Nous allions hier soir aux noces de Madame Lenain, (enregistrement civil à Parigny) et pendant le parcours, papa (c'est lui qui conduisait la mariée) s'est trouvé gêné et il ne pouvait plus marcher ni dire une parole. J'ai cherché une voiture et nous l'avons transporté à notre domicile, mais il était déjà bien mal et le médecin nous a dit que c'était une congestion et une paralysie. Nous avons fait venir Monsieur (l'abbé) Lebourg qui l'a administré à 11 heures du soir ; et ce matin, il mourait à 11 heures et demie, sans nous avoir dit une seule parole.

Monsieur le curé nous a fixé l'inhumation Vendredi matin à 8 heures et demie. »

Du mariage d'Alex. Suvigny avec Octavie Cordon est né :

E

Georges Suvigny, à St-Hilaire, le 28 Juin 1902. Il fut d'abord ondoyé. - Les cérémonies du Baptême furent suppléées à *Georges-Alexandre-Robert Suvigny*, le 31 Janvier 1904. Le parrain fut Georges Suvigny, ferblantier à Mortain ; la marraine, Vitaline Cordon, femme Roisnel, de Notre-Dame de Vire.

Georges Suvigny était garçon coiffeur à St-Hilaire, lors de son incorporation au 25e de ligne, à Cherbourg, en 1922. Il a passé plusieurs mois en la Ruhr occupée et est rentré près sa mère au mois de Nov. 1923, pour reprendre sa place de coiffeur auprès de son ancien patron, à Saint-Hilaire.

D

Le deuxième enfant de Antoine Suvigny et de Elisa Letourneur, fut :

Georges-Léandre Suvigny. Il naquit à St-Hilaire, le 4 Octobre 1862, et fut ondoyé, le 5 du même mois. Les cérémonies furent suppléées, le 17 Mai 1869.

Le parrain fut Anatole Deschamps, cousin germain de l'enfant, auteur de ces lignes ; la marraine, Jeanne Brasard, Veuve Suvigny, grand'mère paternelle de l'enfant qui, très âgée, se fit remplacer par sa fille, Céleste Suvigny, femme Lebreton, d'Avranches.

A noter que le parrain était âgé de neuf ans, et que le filleul était dans sa septième année.

Georges Suvigny apprit le métier de ferblantier. Il fit son service dans la section des ouvriers militaires à Rennes. — Plus tard, il s'établit à Mortain. Il est mort à Mortain, vers 1915.

Il avait épousé *Marie Morel,* le 26 Septembre 1898. Elle est morte à Mortain en 1916.

E

Du mariage de Georges Suvigny avec Marie Morel est né :

Georges (II) Suvigny, à Mortain, en Juillet 1904.

Georges (II) Suvigny demeure à Rouen, chez son oncle, Emile Suvigny, qui l'a adopté.

D

8° Le troisième enfant de Antoine Suvigny et de Elisa Letourneur est :

Emile-Jules Suvigny. Il naquit à Saint-Hilaire, le 27 Mai 1865, et fut baptisé le même jour. Il eut pour parrain Emile Suvigny, son cousin germain, de Saint-Hilaire, et pour marraine, sa tante maternelle, Célestine Letourneur, femme Deschamps, des Loges-Marchis.

Emile Suvigny apprit, comme ses deux frères aînés, le métier de ferblantier et de zingueur.

Il s'est établi à Rouen et a épousé, le 18 Août 1898, *Augustine Thonon*, née le 27 Mai 1865.

Il vient de se retirer des affaires et habite Rouen, rue Malpalu.

D

4° *René-Henri Suvigny* naquit à St-Hilaire, le 15 Juillet 1867 et fut baptisé le même jour. Le parrain fut Alexandre Suvigny, frère aîné de l'enfant, la marraine, Anathalie Letourneur, femme Boivin, tante maternelle, demeurant à Saint-Lô.

René Suvigny apprit le métier de peintre en bâtiment. Il fit son service militaire, en partie au 47e de ligne, à St-Malo, et en second lieu, aux pompiers de Paris.

Il épousa à St-Hilaire, le 6 Juillet 1892, *Marie-Florentine Lusley*, née à St-Hilaire, le 1er Août 1873, fille de Isaac Lusley et de Françoise Béchet.

Il s'établit, en 1896, à Cherbourg, où il exerça son métier et où sa femme tenait un magasin d'articles de peinture, verres etc.

Il est mort à Cherbourg, le 8 Mai 1909, après six mois de maladie, d'une congestion pulmonaire.

De son mariage avec Marie Lusley, René Suvigny a eu trois enfants :

E

1° *René Suvigny*, mort au bout d'un mois.

2° *Paul Suvigny* est né à Cherbourg, le 2 Février 1895. Il fut baptisé en l'église de Notre-Dame du Vœu de Cherbourg, le 3, et eut pour parrain, Victor Boivin, grand-oncle, et pour marraine, Marie Suvigny, sa tante.

Il apprit le métier de peintre en bâtiments chez sa mère, puis à Orbec (Calvados), pendant treize mois, où il se forma à la décoration.

Il fut incorporé comme soldat au 136e d'infanterie, le 8 Décembre 1914, à St-Lô et partit au front, en Mai 1915, avec beaucoup d'entrain et avec la volonté de faire son devoir. Arrivé depuis trois jours pour rejoindre son régiment, il fut tué en service commandé, le 29 Juin 1915. — Il ne fit qu'apercevoir la guerre.

Notre cousine, Amélie Boivin, femme Rouland, m'écrivait le 15 Août 1915 :

« Notre pauvre cher petit Paul a donné sa vie pour la bonne cause et est mort en bon soldat pour la France, après avoir donné sa volonté, son intelligence, son travail pour sa mère. »

3° *Gaston Suvigny*, né à Cherbourg, le 8 Janvier 1897, fut baptisé le lendemain dans l'église Ste-Trinité. Il eut pour parrain, M. Renouf, et pour marraine, sa tante Boivin. Il apprit le métier de comptable, tout en travaillant pour passer l'examen des postes ; la guerre l'en empêcha. Il fut appelé au régiment au mois de Décembre 1915. Il fit son instruction au 23e régiment d'infanterie coloniale, passa au 3e et enfin au 5e, où il fit sa première attaque, le 12 Juillet 1918, qui lui valut la citation suivante avec la croix de guerre.

« *Suvigny Gaston, caporal fourrier, s'est porté bravement à l'assaut des positions ennemies, malgré un violent feu de mitrailleurs. A assuré pendant toute l'attaque une liaison parfaite, parcourant un terrain très battu par l'ennemi, donnant l'exemple par son courage et son entrain.* »

Il passa ensuite sergent-fourrier et à la démobilisation faisait les fonctions de sergent-major.

La guerre terminée, il alla à Rouen se mettre au courant du métier de peintre.

Il demeure avec sa mère, place de la Révolution, à Cherbourg. (22 Fév. 1924).

D

(D.) 5° Le cinquième enfant de Antoine Suvigny et de Elisa Letourneur fut : *Léon Auguste Suvigny*. Il naquit à St-Hilaire, le 14 Mars 1870 et fut baptisé, le lendemain. Il eut pour parrain son frère, Georges Suvigny, et pour marraine, Amandine Deschamps, sa cousine germaine, des Loges-Marchis.

Il est allé habiter Paris où il a exercé le métier de plombier.

Léon Suvigny est mort à Paris, le 5 Janvier 1915 : et son épouse est morte également à Paris, le 11 Janvier 1921.

Du mariage de Léon Suvigny avec Rosalie Fleury sont nés trois enfants, tous à Paris :

E

1° *Marcel Suvigny*, né le 1er Janvier 1897, a fait son service militaire à Blois, au 113e régiment d'infanterie, a fait la campagne de 1914-1918, est passé au 110e, a été blessé et réformé. Cité à l'ordre du régiment.

Il a épousé *Marthe Delongchamps*. Il est établi à Caen, où il exerce le métier de mécanicien ajusteur.

2° *Léon Suvigny*, né le 28 Octobre 1899, demeure à Paris et exerce le métier d'ajusteur. Il a fait son service militaire au 20e bataillon de chasseurs et a passé treize mois au Maroc, en qualité de chauffeur d'automobiles.

3° *Raymond Suvigny*, né à Paris, le 21 Janvier 1903, exerçait aussi le métier d'ajusteur. Il a été incorporé au 1er régiment d'infanterie coloniale. Il vient d'être appelé à Joinville, en vue des Jeux Olympiques, (28 Février 1924.) — Il a été Recordman de France (médaille d'or), dans la catégorie des Poids Plumes, pour les Poids et Haltères.

D

(D.) 6° *Marie-Victorine-Antoinette Suvigny* naquit à Saint-Hilaire-du-Harcouët, le 4 Janvier 1878, jour de l'enterrement de son père. Elle fut baptisée le même jour.

Elle eut pour parrain son frère, Emile Suvigny ; et pour marraine, Victorine Boivin, sa cousine germaine, représentée par Amandine Deschamps, des Loges Marchis.

Marie Suvigny est allée habiter Rouen et a épousé, le 16 Sept. 1913, *Pascal-Désiré Varin*, né à Fontenay-en-Vérin (Eure), de Pascal Varin et de Célina Jacqueline.

Il a fait son service militaire au 6e régiment d'infanterie coloniale à Brest. Il a fait aussi la campagne de 1914-1918.

Mouleur en métaux, il demeure actuellement, (21 Février 1924), avec son épouse, a Sotteville-les-Rouen (Seine-Inférieure).

C

La septième enfant de Jean-François Letourneur et de Caroline-Reine-Léandre de K/marec fut :

Anathatie Letourneur. Elle naquit à Lonlay-le-Tesson, le 21 Avril, et fut baptisée, le 24 Avril 1836. Elle eut pour parrain, son frère, Edouard Letourneur ; et pour marraine, Eulalie Dumesnil, de Domfront. Elle fut élevée à Lonlay-le-Tesson et à Saint-Hilaire-du-Harcouët, où elle vint vers 1845.

Quatre mois après le mariage de sa sœur Elisa, Anathalie épousa, après la publication d'un ban, le 13 Octobre 1859, devant son cousin issu de germain, M. l'abbé Durand, vicaire à la Ferté-Macé (1), *Victor-Constant Boivin*, instituteur adjoint à St-Hilaire-du Harcouët.

Victor-Constant Boivin était né, en 1837, à Nouainville, près Cherbourg, du légitime mariage de Jean Boivin et de Constance Antoine.

Il fut ensuite instituteur primaire à Picauville, canton de Ste-Mère-Eglise, arrondissement de Valognes (Manche) En 1865, nous le voyons secrétaire à la préfecture de St-Lô ; et enfin, secrétaire en chef de la mairie de Cherbourg. Victor Boivin et sa famille restèrent plusieurs années à Octeville (Manche), jouir de la retraite liquidée. Ils avaient fait construire une maison, avaient loué un peu de terrain pour avoir un cheval.

(1) Mort curé d'Alménèches (Orne) vers 1900.

En 1905, Victor Boivin et son épouse, Anathalie Letourneur, se retirèrent près de leur fille, mariée à Jean-Marie Pichot, à Champs-sur-Marne (Seine-et-Marne).

Victor Boivin, officier d'académie, est mort à Champs, le 7 Novembre 1910, âgé de 73 ans.

Anathalie Letourneur, Veuve Boivin, est morte à Champs, le 9 Décembre 1919, dans sa 84e année.

Si elle avait vécu quelques semaines de plus, elle aurait hérité pour un quart, d'un de ses cousins, Monsieur Hippolyte de Mauduit du Plessis, né le 1er Août 1846, non marié, ancien officier d'infanterie, demeurant à Nantes en 1912, mort au château de Kergadiou en Lanmeur, arrondissement de Morlaix, le 28 Janvier 1920. (V. p. 84)

Du mariage de Victor Boivin avec Anathalie Letourneur, sont nés trois enfants :

D. 1° *Emile*, 2° *Victorine*, 3° *Amélie Boivin.*

D

1° *Emile Boivin*, naquit à Picauville (Manche), le 8 Octobre 1861. Il fit ses études au lycée de Cherbourg; il les termina vers 1878. Il fut maître répétiteur au lycée de Coutances etc ; puis se destina à l'économat. Il épousa à Valognes, *Ernestine-Marie Belin*, le 28 Août 1886. Il fut commis d'économat au Mans, à Alençon, puis économe dans divers lycées et en dernier lieu au lycée de Moulins (Allier).

Mort chez son fils, à Toulon, le 16 Octobre 1921, âgé de 60 ans.

Le 9 Janvier 1922, sa sœur, Madame Pichot, m'écrivait :

« Après avoir passé la première partie de ses vacances à Nancy, mon frère et sa femme étaient allés à Toulon, chez Maurice ; là, une petite blessure qu'Émile avait au pied s'est aggravée et il a dû s'aliter. Comme il était diabétique, il n'y a eu rien à faire. On a tenté l'opération de lui couper la jambe pour retarder, s'il était possible, le fatal dénouement ; on lui a coupé la jambe à mi-cuisse, le 14 Octobre ; et le 16, il mourait après avoir été dans le coma depuis la veille. »

De son mariage avec Ernestine Belin, Emile Boivin a eu trois enfants :

(E) 1° *Gaston*, 2° *Maurice*, 3° *Marcel Boivin*.

E

1° *Gaston Boivin* est né au Mans, le 24 Sept. 1887. Il a fait son service militaire au 68e régiment d'infanterie et a été mobilisé, comme médecin auxiliaire, au groupe de brancardiers de la 59e division, puis au 217e d'infanterie. Il a 1 m. 83 de hauteur. Décoré de la croix de guerre, et fait prisonnier devant Verdun (poste de la montagne), le 11 Juillet 1916. Il a eté plusieurs mois en Allemagne.

Le général commandant la 59e Division, Cite à l'ordre de la Division, le médecin auxiliaire Boivin, du groupe des Brancardiers :

« *Le 5 Novembre 1914, au combat d'Ajoncourt, pendant un bombardement violent, s'est rendu sur la ligne de feu pour relever les blessés. Avait déjà montré beaucoup de sang-froid et d'énergie dans la nuit du 22 Août, en allant à quelques kilomètres au delà de nos avant-postes, recueillir et transporter 25 blessés, restés à Manoncourt et sur le terrain avoisinant.*

217e Régiment d'Infanterie.

Cité à l'ordre du régiment, le médecin auxiliaire Boivin :

« *D'une haute conscience, d'un esprit de dévouement absolu et d'un sang-froid communicatif. Du 6 au 11 Juillet 1916, au cours de combats violents et dans les circonstances les plus critiques, a donné la mesure de ses qualités morales et de son activité professionnelle, poussant le mépris du danger, jusqu'à s'exposer aux coups de l'ennemi, pour abriter ses blessés.* »

Gaston Henri Boivin a épousé, le 20 Janvier 1916, en la chapelle du lycée Banville, à Moulins, *Madeleine-Marie-Henriette Godey*, née à Bayeux (Calvados), fille de M. Gaston Alfred Godey, et de Mme Henriette Marie, née Bodet.

Au sujet du mariage de Gaston Boivin avec Melle Godey, ma cousine, Victorine Boivin, femme Pichot, m'écrivait le 30 Janvier 1916.

« . . . . Nous arrivons de Moulins. Nous venons d'assister au mariage de Gaston. C'est l'aîné des enfants d'Emile. Il a épousé une jeune fille charmante, simple et distinguée ; c'est la fille du Proviseur du Lycée. Il y a deux ans et demi qu'ils étaient fiancés ; les jeunes gens trouvaient le temps long. Gaston est à 14 kil. de Nancy, huit jours au front et huit jours en arrière. Le Major lui a donné les moyens de continuer ses études et d'aller à Nancy pour cela ; dans ses jours de repos, Madeleine (c'est le nom de ma nouvelle nièce) pourra le voir à Nancy. La cérémonie a eu lieu dans la chapelle du lycée ; la bénédiction nuptiale a été donnée par le curé de la cathédrale, l'aumônier étant mobilisé. Mariage simple comme l'exigent les circonstances. Gaston était en poilu et portait la croix de guerre. Marcel, le plus jeune fils d'Emile, avait obtenu de Marseille une permission de quatre jours. Il y avait une ombre au tableau : Maurice, le marin, est à Yéro (île de Mytilène) ; mais on avait eu des nouvelles le matin même. Nous n'avions guère le cœur à la réjouissance, mais nous n'avions pas voulu ne pas donner à Gaston cette preuve d'affection. Du reste, il n'y a pas eu de fête ; Emile n'a pas l'esprit tranquille de sentir ses trois fils à l'armée. Amélie, son mari et sa fillette étaient du voyage. Nous étions tous contents d'être réunis. Maman a supporté gaillardement les fatigues de la route. Il faut six heures de chemin de fer de Paris. »

Sur ces entrefaites, Monsieur Godey fut nommé proviseur au lycée de Caen, et Madame Gaston Boivin a passé, près de ses parents, les derniers mois de la guerre.

Son mari a été reçu docteur, le 18 Octobre 1918, devant la faculté de médecine de Nancy. Il s'est établi à Bretteville-sur-Laize (Calvados), non loin de Caen. (1924).

De son mariage avec Madeleine Godey, sont nés trois enfants :

F

1° *Henri*, à Caen, le 20 Sept. 1917. 2° *Bernard*, à Caen, le 19 Décembre 1919 ; 3° *Michel-Robert Boivin*, à Bretteville-sur-Laize, le 23 Sept. 1921.

E

2° *Maurice Boivin*, le deuxième fils d'Emile Boivin, est né à Alençon, le 19 Avril 1889. Il a fait sa carrière dans la marine, et fait toute la campagne 1914 - 1918.

Il s'est marié, à Toulon, en Septembre 1919, à une jeune veuve. Il tient, en cette ville, un commerce de fleurs et de fruits. Et demeure actuellement, 5, place Gambetta, à Toulon. Le premier mari de *Madame (Adèle) Maurice Boivin*, était premier maître armurier de la marine.

3° Le troisième enfant de Emile Boivin, *Marcel Boivin*, est né à Alençon, le 20 Septembre 1894. Lui aussi, a fait toute la campagne 1914 - 1918. Il est chirurgien dentiste, établi à Nancy. Il a épousé à Liverdun, (Meurthe et Moselle), *Adrienne Montagne.*

De ce mariage :

F

Jeannine-Emilienne Boivin, née à Nancy, le 28 Juillet 1923.

N. B. - La veuve de Emile Boivin, demeure près de son troisième enfant, à Nancy.

D

2° La deuxième enfant de Victor Boivin et de Anathalie Letourneur est :

Victorine Boivin. Elle est née à Saint-Lô, en 1865. Elle a toujours vécu avec ses parents, à Cherbourg, à Octeville (Manche). Et ils sont allés demeurer près d'elle, à Champs (Seine-et-Marne), où ils sont morts tous les deux.

Victorine Boivin a épousé, à Octeville, le 7 Nov. 1905, après dispense de Rome, son cousin germain par alliance, *Jean-Marie Pichol*, né à Paris, le 21 Sept. 1865, fils de feu Louis Pichot et de Aline Decoste. Il était veuf de Adeline Letourneur. (V. p. 145). Sans postérité.

Ancien employé à la compagnie d'assurances du Phénix, Jean Pichot, propriétaire, demeure avec son épouse à Champs. Mais ils vont d'ici peu de temps (6 Février 1924) venir demeurer à Caen.

Victorine Boivin, dame Pichot, a été vraiment la providence de sa famille. Elle a fermé les yeux de son père, Victor Boivin, mort à Champs, le 7 Nov. 1910, âgé de 73 ans. Elle a soigné chez elle : 1° sa mère, Anathalie Letourneur, morte le 9 Décembre 1919, dans sa 84° année ; 2° sa tante par alliance, Maria Beauchef, Veuve Anatole Letourneur, morte le 22 Avril 1922, âgée de 85 ans. (v. p. 144) ; 3° la mère de son mari, Aline Decoste, Vᵉ Pichot, morte au mois de Déc. 1923, âgée de 86 ans.

3° *Amélie Boivin*, née à Cherbourg, le 14 Février 1876. Elle a épousé, à Octeville, le 24 Avril 1900, *Adolphe Roulland*, né à Cherbourg, le 23 Février 1873. Reçu conducteur des Ponts-et chaussées, il exerça à St-Lô, à Granville, à Donnemarie-en-Bauptois (Seine et Marne).

Il est mort à Champs, âgé de 46 ans, le 23 Février 1919.

Amélie Boivin, sa veuve, m'écrivait le 28 Février suivant.

« Mon cher cousin,

J'ai une bien triste nouvelle à vous apprendre ; mon cher Adolphe est mort, dimanche soir, à Champs-sur-Marne, après une longue et cruelle maladie de cœur. Il y avait longtemps que sa santé était chancelante. Il ne s'est pas vu mourir. Il était prêt à faire le grand voyage ; souvent il priait, et j'ai le grand espoir, la grande consolation, de le sentir auprès de Dieu, dont ma fille et moi ne seront pas abandonnées. Notre chagrin est immense, seul le devoir me fera vivre, j'ai mon enfant à élever.

Je vous demanderai de penser à lui dans vos prières ; il vous aimait beaucoup.

Quelques jours avant sa mort, étant condamné par les docteurs, j'ai fait transporter mon mari à Champs-sur-Marne. Après le décès, à cause de l'état de guerre, la chose eut été impossible. Nous lui avons acheté une concession. Nous ne resterons pas à Donnemarie ; je vais cependant y séjourner quelque temps, en attendant un parti définitif. Il y avait vingt trois jours environ qu'il avait gagné une retraite proportionnelle, très minime, il est vrai ; mais, c'est toujours autant, car ma fillette est loin d'être élevée ; c'est le moment où elle coûtera le plus, ayant son instruction à faire en même temps que son éducation.

Je serais reconnaissante que vous m'écriviez une longue lettre de consolation. Il me semble que je serai moins seule, si mes parents participent à mes peines.

Je ne vis plus que pour la petite. Je n'ai plus d'autre but sur terre. J'ai tout perdu, car mon mari était très bon et je lui ai tant donné de soins qu'il m'était encore plus attaché.

J'écris aujourd'hui même à Antrain. Tout le monde est lassé à Champs. Ma tante Maria a été d'une endurance admirable. Jean et Victorine aiment ma fille, comme si elle était la leur. Maman a beaucoup vieilli de l'idée. Elle ne s'est pas rendu compte de la perte que nous avons faite.

Toute la famille se joint à moi pour vous souhaiter bien le bonjour et vous exprimer notre meilleur souvenir.

Votre cousine
Amélie Roulland. »

Du mariage de Adolphe Roulland avec Amélie Boivin est née.

E

Cécile Roulland, à Octeville (Manche), le 10 Avril 1908.

Amélie Boivin, Veuve Roulland, demeure actuellement à Chelles (Seine-et-Marne). Elle va chaque jour à Paris, étant employée à la Banque ; Cécile, élève à Sens, dans un établissement catholique.

C

8° La huitième enfant de Jean-Louis Letourneur et de Caroline-Reine de K/marec fut :

Célestine-Clémentine Letourneur.

Elle naquit à Lonlay-le-Tesson, le 1er Juillet 1838, et elle fut baptisée le même jour. Elle eut pour parrain, son frère, Alexandre Letourneur ; et pour marraine, Célestine Bisson, de Lonlay.

Célestine demeura quelques années avec ses parents à Lonlay, et peu de temps, à St-Ellier (Mayenne). Puis elle vint, vers l'âge de 6 ou 7 ans, demeurer à St-Hilaire-du-Harcouët, où elle a été élevée.

Le vingt six Août mil huit cent cinquante six, elle épousa, à St-Hilaire-du-Harcouët, *Amand-François Deschamps*, né le 25 Avril 1833, de François-Jean Deschamps propriétaire, et de Françoise-Louise Lepenant, son épouse.

Amand Deschamps fut pendant trois ans élève à l'école normale de St-Lô et fut sous-maître à Carentan, Pontorson, au collège de Mortain et au collège de St-Hilaire-du-Harcouët. Après son mariage, il fut instituteur à Mesnil-Rainfray, canton de Juvigny-le-Tertre et nous le voyons, instituteur aux Loges-Marchis, canton de St-Hilaire, à partir de 1857, où il a été trente ans.

Célestine Letourneur, femme Deschamps, mourut d'une affection au foie, peu de temps après sa mère et son père, aux Loges-Marchis, le 8 Mai 1877, dans sa trente-neuvième année. Selon son désir plusieurs fois exprimé, ses restes mortels furent inhumés dans le cimetière de St-Hilaire.

Amand Deschamps se remaria, au mois de Janvier 1883, avec Eudoxie Hantraye, Veuve Berhault, née aux Loges-Marchis, vers 1842. En 1888, il obtint sa retraite d'instituteur et se retira près de sa fille, Amandine, femme Lacocquerie, à Antrain,(I.-et-V). Il n'eut pas d'enfant de son second mariage.

C'est à Antrain qu'il est mort, le 6 Juillet 1903, dans sa 71e année.

Sa seconde épouse se retira d'abord à St-Hilaire, puis sur une petite propriété à Chévreville, (canton de St-Hilaire).

Elle est morte à Chévreville, le Jeudi-Saint 24 Mars, et inhumée, le Samedi-Saint, 26 Mars 1921.

De son mariage avec Célestine Letourneur, Amand Deschamps a eu deux enfants :

1° *Amandine-Maria.*

2° *Anatole-Ferdinand Deschamps.*

D

1° *Amandine-Maria Deschamps* naquit aux Loges-Marchis, le 25 Janvier 1858.

Elle eut pour parrain, son grand-père paternel, François Deschamps, et pour marraine, sa grand'mère maternelle, Caroline de K/marec, femme Letourneur. Amandine a passé toute son enfance et une partie de sa jeunesse près de ses parents, aux Loges-Marchis. Elle eut soin de sa bonne mère dans sa dernière maladie et elle était dans sa vingtième année lorsque cette dernière mourut. Elle resta près de quatre années avec son père aux Loges-Marchis, et épousa dans cette dernière paroisse, le 31 Janvier 1881, *Eloi-Julien Lacocquerie*, négociant à Antrain, (Commerce de cuirs et crépins.) Il était fils de Eloi Lacocquerie et de Thérèse Potier et était né à Antrain (Ille-et-Vilaine), en 1847.

Eloi Lacocquerie est mort à Antrain, le 6 Mars 1902, dans sa 56e année (un jeudi), et a été inhumé dans le cimetière d'Antrain, le Samedi 8 Mars 1902.

De son mariage avec Amandine Deschamps, Eloi Lacocquerie a eu six enfants :

(E) 1° *Eloi, 2° quatre autres enfants, 6° Marie-Joseph.*

E

Le premier des enfants de Eloi (1er) Lacocquerie s'appelle Eloi parce que les ancêtres de la famille Lacocquerie étaient forgerons. Chacun sait que St-Éloi est le patron des forgerons. Donc :

Eloi (II) Marie-Joseph Lacocquerie naquit à Antrain, le 3 Janvier 1882. Il eut pour parrain, son grand-père maternel, Amand Deschamps, instituteur aux Loges-Marchis ; et pour marraine, sa grand'mère paternelle, Thérèse Potier, Veuve Lacocquerie, demeurant à Antrain.

Il n'avait que vingt ans lorsque son père mourut ; et il prit courageusement la suite des affaires. A l'époque de la conscription il fut versé dans le service auxiliaire.

Il épousa, à St-Ouen-de-la-Rouaïrie. canton d'Antrain, le 15 Janvier 1913, *Blanche-Rosalie Galodé*, née le 9 Mars 1882, fille de Jean Galodé et de Marie Gavard. Le mariage fut béni par l'abbé Deschamps, oncle d'Eloi, alors curé de Le Chefresne, doyenné de Percy (Manche).

Lorsque a éclaté la guerre de 1914-1918, Eloi Lacocquerie est parti comme auxiliaire dès le premier jour de la mobilisation et a été employé à Vitré, puis comme expert en cuirs, à Rennes.

De son mariage avec Blanche Galodé, Eloi Lacocquerie a eu trois enfants :

F

1° *Eloi (III)- Jean-Marie Lacocquerie* est né à Antrain, le 3 Janvier 1914. Il eut pour parrain, son grand'père maternel, Jean Galodé, demeurant à St-Ouen ; et pour marraine, sa grand'mère paternelle, Amandine Deschamps, Veuve Lacocquerie.

2° *Jean-Marie-Amand Lacocquerie* est né à Antrain, le 13 Nov. 1915. Il fut baptisé à la maison à cause du danger de mort et ensuite ondoyé à l'église, sous condition. A cause de la guerre, les cérémonies ne furent suppléées que le 12 Mai 1918. Le parrain fut Marcel Galodé, oncle maternel de l'enfant, de Combourg (I.-et-V.); la marraine, Marie-Joseph Lacocquerie, tante paternelle de l'enfant, d'Antrain.

3° *Marie-Blanche Lacocquerie*, est née à Rennes, où sa mère s'était rendue chez une sage-femme pour faire ses couches, le 1er Février 1918. Elle fut baptisée à Toussaint de Rennes, le 2 Février, par Monsieur l'abbé Martin, ami de la famille, curé de Notre-Dame de Rennes, chanoine de Rennes et de Coutances, devenu depuis prélat romain. Elle eut pour parrain son grand-oncle, Anatole Deschamps, curé de Poilley-sur-le-Homme, canton de Ducey, (Manche) ; et pour marraine, sa grand'tante, Marie-Thérèse Lacocquerie, demeurant à Antrain. (morte le 9 Nov. 1921).

E

Les quatre enfants qui sont venus au monde après Eloi Lacocquerie, ont vécu au plus quelques jours. Ils sont tous nés à Antrain :

2° *Anatole*, filleul de l'abbé Deschamps, le 29 Août 1883 ;

3° *Marie-Thérèse*, le 26 Juillet 1885 ; 4° *Anna*, le 16 Août 1888 ; 5° *Marie*, le 12 Février 1890.

6° La sixième enfant d'Éloi Lacocquerie et d'Amandine Deschamps est :

Marie-Joseph-Françoise-Thérèse Lacocquerie. Elle naquit à Antrain, le 5 Nov. 1893. Elle eut pour parrain, son frère, Eloi, et pour marraine, Marie Hantraye, fille de l'ancien Maire des Loges-Marchis, amie d'enfance et intime de Madame Lacocquerie.

Marie-Joseph a été deux années à la pension Moka à St-Malo. Elle y est entrée, en Octobre 1907, pour en sortir, en Juillet 1909, avec son brevet simple.

Elle a épousé, à Antrain, le 25 Novembre 1920, *Augustin-Guy-Joseph Audroing-Houssais*, né à Saint-Brice-en-Cogles, (Ille-et-Vilaine), le 7 Mars 1895, fils de Louis Audroing-

Houssais, agent voyer en retraite, et de Marie Bruère, (2e enfant).

Il fut baptisé à Saint-Brice, le 9 Mars. Il eut pour parrain, son oncle paternel, Guy Olivier Audroing, juge de paix à Meslay-du-Maine (Mayenne) ; et pour marraine Madame Hulaud, cousine maternelle.

Il fit ses études, jusqu'en quatrième, au collège libre de Vitré, et se destina ensuite au commerce. Soldat de la classe 1915, il fut incorporé au 8e génie comme Télégraphiste. Il partit au front, le 6 Avril 1915. Il a fait toute la campagne pour ne rentrer dans ses foyers que le 13 Sept. 1919. Il a reçu, étant caporal, la croix de guerre en Janvier 1919, rappel de 1918, avec la citation suivante à l'ordre du régiment :

« *Gradé vaillant et dévoué, chargé, en Janvier et Février 1918, du secteur situé à l'Ouest de Metzen (Alsace), s'est porté, à différentes reprises, sur des points battus par l'artillerie ennemie, a donné l'exemple du sang-froid et mépris du danger.* »

Augustin Audroing est négociant en cuirs, crépins et chaussures de bois.

Mariage sans postérité.

Généalogie AUDROING-HOUSSAIS

La famille *Audroing de la Houssaye*, actuellement *Houssais*, est originaire des environs de Vitré, où on la trouve citée dès le XVIe siècle. La branche de la Houssaye paraît s'être fixée à St-M'Hervé dès le XVIIe siècle.

I

Jean Audroing, sieur *de la Houssaye*, époux de *Marie Guillois* fut père de :

II

Pierre-Julien-Audroing, né à la Chapelle-Erbrée, le 30 Juin 1716, sieur de la Pillardière, époux de *François Boishue*, dont :

III

2e enfant : *René Audroing*, sieur *de Chaveniel*, auteur du rameau de Chaveniel et de la Poissonnais.

IV

Pierre-Jean-François Audroing, sieur *de la Houssais*, épouse *Jeanne-Françoise Messé*, vers 1792.

V

Armand-Audroing Houssais, né à Vitré, architecte, mort à Vitré, le 31 Décembre 1891, épousa à St-Ouen-des-Toits, *Hyacinthe Olivier*, née à St-Ouen-des-Toits (Mayenne), et décédée à Vitré.

VI

2e enfant : *Louis Audroing-Houssais*, né à Vitré, le 8 Août 1860. Il fut élevé à Vitré et fit ses études secondaires jusqu'en philosophie, à St-Vincent, collège libre de Rennes. Il fit son service militaire au 10e d'artillerie, à Rennes, où il devint Maréchal-des-Logis.

Il a été agent-voyer à Mordelles, Châteauneuf, St-Brice-en-Cogles, Vitré et de nouveau à Mordelles. (I.-et-V.).

Il était en retraite à Châteauneuf (I. et V.), depuis le 1er Janvier 1920. C'est là qu'il est mort le 14 Mars 1922.

Il avait épousé à Châteauneuf, le 7 Avril 1891, *Marie Bruère*, née à Châteauneuf, le 17 Avril 1868, fille de J. Bruère, capitaine au long cours et de Jeanne Pareur.

De ce mariage :

VII

2e enfant, *Augustin-Guy Audroing-Houssais*, qui a épousé à Antrain, Marie-Joseph Lacocquerie, *ut supra*.

D

2° Le deuxième enfant d'Amand Deschamps et de Célestine Letourneur est *Anatole-Ferdinand Deschamps*.

Il naquit aux Loges-Marchis, le 22 Mars 1860. Son parrain devait être son oncle, Ferdinand Deschamps, alors soldat à Thionville, mais qui mourut, à l'époque, au régiment. Anatole fut ondoyé le 22 Mars, jour de sa naissance. Les cérémonies furent différées jusqu'au 10 Août 1863. Elles furent suppléées par M. l'abbé Emmanuel Fougeray, vicaire aux Loges. L'enfant eut pour parrain, son oncle par alliance, Antoine Suvigny, de St-Hilaire, et pour marraine, sa tante par alliance, Maria Beauchef, épouse d'Anatole Letourneur, de Paris.

Anatole Deschamps commença de bonne heure ses études secondaires, sous la direction de M. l'abbé Fougeray, dès le mois de Sept. 1868. Au mois d'Octobre 1872, il entra en quatrième au petit séminaire de l'Abbaye-Blanche, à Mortain (Manche), d'où il sortit au mois de Juillet 1877, avec son diplôme de bachelier-ès-lettres.

Au 1er Octobre 1877, il entra au grand séminaire de Coutances où il fit ses études théologiques.

Il fut ordonné prêtre, avec dispense d'âge venue de Rome, le 29 Juin 1883, âgé de 23 ans. Il a passé 39 ans de sa vie ecclésiastique dans le ministère paroissial, neuf ans comme vicaire et trente ans comme curé à : Moidrey, Le Chefresne, Poilley, (canton de Ducey: Manche). Il était, depuis le mois d'Octobre 1914, dans cette dernière paroisse.

Sur son désir plusieurs fois exprimé à Mgr. l'évêque de Coutances, d'être déchargé du ministère curial, il a été nommé aumônier de l'hospice de Torigni (Manche), le 8 Juin 1922.

Il écrit bien tranquillement ces lignes, en cette soirée du mardi 12 Février 1924, auprès de l'âtre qui pétille.

C

9o Le neuvième et dernier enfant de Jean Letourneur et de Caroline de K/marec fut *Adolphe Letourneur*. Il naquit à St-Ellier. canton de Landivy (Mayenne), au village de la Huardière, le 24 Juin 1844 et fut baptisé, le même jour, par l'Abbé Augustin Breton, vicaire. Il eut pour parrain, Jules-Adolphe Letourneur, son frère ; et pour marraine, Elisa Letourneur, sa sœur.

Adolphe Letourneur est mort à St-Hilaire, en son domicile, rue de Bretagne, le 6 Novembre 1857, dans sa quatorzième année.

B

2o La deuxième enfant, issue du 3e mariage de Léandre de Kermarec avec Françoise Bohineust, fut *Nathalie-Thérèse-Joséphine de Kermarec*.

Elle naquit le 23 Messidor, an treize) 12 Juillet 1805. Elle fut baptisée, le même jour, dans l'église de Ferrières ; et eut pour parrain, Joseph Bohineust, écolier ; et pour marraine sa demi-sœur, Thérèse de Kermarec (V. p. 93)

Elle mourut à Ferrières, le 6 Mars 1806, âgée d'environ huit mois.

3° Le troisième enfant fut *Léandre (II) François de Kermarec*.

Il naquit, le 22 Décembre 1806, à Ferrières et fut baptisé dans l'église de cette paroisse, le même jour. Il eut pour parrain, son demi frère, Alexandre de Kermarec, écolier et pour marraine, Marie-Julie Mabire. « Le parrain, dit l'acte de baptême, a déclaré ne savoir signer. ».

Ce parrain était alors âgé de sept ans non accomplis. Il a appris à signer, car il a été procureur du roi, à Ancenis, et est mort conseiller à la cour de Rennes, le 27 Janvier 1850 (V. p. 101).

Tout ce que nous savons de Léandre (II) de Kermarec, c'est qu'il fît son service militaire dans l'infanterie, tandis que ses deux frères servirent dans la cavalerie.

Il fut tué en duel, après l'accomplissement de son service militaire.

B

Paul de Kermarec.

4° *Paul-Alexandre de Kermarec de Traurout*, naquit, le 20 Février 1808, à Ferrières et fut baptisé, le 22 du même mois. Il eut pour parrain, Jean-François Gérard, de la paroisse de Landivy, cousin germain de la mère de l'enfant ; et pour marraine, Virginie Bourdon, aussi cousine germaine du même côté.

Il fut élevé à Ferrières. Il fut soldat pendant dix ans, garde royal de la reine. En 1839, il est employé des contributions indirectes à Chollet. Le 20 Mars 1840, il est dans la même administration à Saintes (Charente-Inférieure) ; en 1846, à Terminiers, près Patay. Le 8 Sept. 1847, lors de la liquidation de la succession de sa mère, il est à Courville, (Eure-et-Loir).

C'est à Courville qu'il épousa, le 22 Nov. 1847, *Marie-Louise Adélaïde Bellier*. Il revint au pays, lors du mariage de Amand Deschamps avec Célestine Letourneur et voulut revoir le village et la maison de la Tertenais, où il avait été élevé.

De très haute stature, il avait la tête de plus que notre père qui était pourtant d'une taille élevée.

Paul-Alexandre de Kermarec est décédé à Courville, le 5 Octobre 1860, dans sa 53° année.

Son épouse, Marie Bellier, est morte à Courville en 1877.

De leur mariage est née une seule enfant :

C

Pauline de Kermarec, à Courville, le 9 Sept. 1848.

Pendant la guerre de 1870-71, notre grand'tante, Veuve Paul de Kermarec, vint passer plusieurs mois avec sa fille Pauline, chez ses parents de St-Hilaire et nous les avons vues souvent aux Loges-Marchis. Elles ne retournèrent à Courville, qu'après la paix signée.

Pauline de Kermarec, épousa à Courville, le 5 Octobre 1874, *Arsène Thiboult*, agent-voyer. Elle mourut dans cette petite ville le 14 Avril 1907.

Pauline a été la DERNIÈRE des DE KERMAREC.

Son mari est mort à Courville. le 2 Décembre 1915.

De leur mariage, une seule enfant :

D

Adeline Thiboult, née en 1879 et morte célibataire, à Courville, le 6 Janvier 1913, dans sa 34e année.

Je suis allé voir ces cousins de Courville au mois de Septembre 1878 et aussi en 1884.

B

Lézin de Kermarec

5° Le cinquième enfant de Léandre de Kermarec et de Francoise Bohineust :

Lézin-Cyrille de Kermarec de Traurout naquit à Ferrières, le 20 Août 1809 et fut baptisé le lendemain. Il eut pour parrain Jean Bohineust, son oncle maternel, de Fougerolles (Mayenne); et pour marraine, Marie-Anne Plessis, femme Hamon, sa cousine maternelle, de St-Hilaire.

D'une belle et haute stature, Lézin de Kermarec, fut, ainsi qu'il me l'a dit lui-même, dix ans soldat dans la cavalerie, garde du corps de la Reine, ainsi que son frère Paul.

Après son service militaire, Lézin de Kermarec fut employé dans les contributions indirectes, à cheval, section des tabacs. Lors de la déclaration de succession, à la suite de la mort de son père, il est à Abbeville (Somme). En 1842, il est à Lens Pas-de-Calais ; en 1847 à Albert (Somme). Il épousa à Lille

Joséphine Thellier de la Neuville, fille de Henri Thellier de la Neuville et de *X* Dissant. Ses beaux-parents étaient originaires de St-Pol-de-Léon. Beaucoup de Thellier furent guillotinés pendant la révolution ; les parents de Henri Thellier furent du nombre. Le beau-père de Lézin était venu s'établir à Lille et tenait la poste au moment du mariage de sa fille.

Lézin de Kermarec vint se retirer à Origny-Ste-Benoîte (Aisne), où il vécut avec sa fille et ses petits-enfants. Il y mourut au mois de Février 1889. Son épouse était morte la première, en 1888.

De leur mariage naquirent deux enfants :

(C) 1° *Emma*. 2° *Maria de Kermarec.*

C

Emma-Joséphine de Kermarec naquit à Lens, le 20 Août 1842.

Elle épousa *Auguste Guesnon*, employé dans l'administration des contributions directes. Il était né à Ploërmel (Morbihan), vers 1843 ; et il mourut à Guise (Aisne), âgé de 32 ans environ.

Ce fut alors que Emma, son épouse, se retira avec ses enfants, près de ses parents, à Origny. Elle reçut la jouissance d'un bureau de tabac qu'elle loua 3000 fr.

Emma de Kermarec, Veuve Guesnon, rentière, cousine germaine de notre mère, est décédée en la commune de Bapaume, le 9 Février 1910, dans sa soixante-huitième année.

A l'automne 1884, je suis allé voir toute cette famille à Origny-Ste-Benoîte. Je fus on ne peut mieux reçu et j'eus grand plaisir de converser avec notre grand-oncle, Lézin de K/marec, dont j'avais souvent entendu parler à notre mère. En passant à St-Quentin, je vis notre cousin Félix, qui faisait un stage en pharmacie. Ernest Guesnon était encore au collège. Demeuraient à la maison en face l'église : notre grand-oncle, son épouse, leur fille Emma et leur petite-fille Marie.

Monsieur le curé d'Origny-Ste-Benoîte m'écrivait le 4 Juillet 1920 :

« La maison, où vous êtes descendu en 1884, a échappé aux bombes ; ses voisines sont les *rari nantes* de notre malheureux bourg où 400 maisons sont détruites. »

Du mariage de Emma de Kermarec avec Auguste Guesnon sont nés quatre enfants :

(D) 1° *Félix* ; 2° *Ernest* ; 3° *Marie* ; 4° *Blanche*.

D

1° *Félix Guesnon* naquit à Villequier-Aumont (Aisne), le 30 Septembre 1864. Avant 1915, il était pharmacien à Bapaume (Pas-de-Calais) et il a connu toutes les horreurs de la guerre Il était pendant ces dernières années, réfugié à Piney (Aube) où il avait établi une pharmacie. Depuis plusieurs mois (Fév. 1924), il a pu rentrer à Bapaume et y reprendre son emploi.

Il a épousé à Bapaume, le 12 Déc. 1898, *Jeanne Pronier*, née dans la même ville, le 17 Février 1879.

De ce mariage quatre enfants :

(E) 1° *René* ; 2° *Georges* ; 3° *Marie-Thérèse* ; 4° *Auguste Guesnon*

E

1° *René Guesnon*. est né le 24 Sept. 1899 et décédé le 12 Octobre de la même année.

2° *Georges Guesnon* naquit le 17 Sept. 1900. Il a fait son service militaire au 155° régiment d'infanterie, à Commercy (Meuse), où il a été sergent. Il est rentré en ses foyers à la fin de Février 1922. Il demeure à Troyes (Aube) et s'occupe d'un important commerce d'articles de peinture, vitrerie, encadrements.

3° *Marie-Thérèse Guesnon*, née le 15 Déc. 1901, demeure avec ses parents à Bapaume.

4° *Auguste Guesnon*, né le 8 Déc. 1810, est en pension au collège libre de Marcq-en-Barœul (Nord).

D

2° Le deuxième enfant de Auguste Guesnon et de Emma de Kermarec :

Ernest Guesnon naquit à Flavy-le-Martel (Aisne), le 4 Octobre 1866. Il fit ses études au collège St-Jean à St-Quentin, se préparant à la pharmacie. Il accomplit son service militaire au 2e bataillon d'artillerie de forteresse, à Maubeuge (Nord) et à Valenciennes (Nord).

Avant 1915, il était secrétaire de la mairie de Bapaume.

Resté en pays occupé pendant la guerre, il a supporté les plus dures privations ; puis, il a subi les tristesses de l'évacuation.

Depuis, il a repris ses travaux de préparation en pharmacie et demeure actuellement à Archies (Nord). Célibataire.

3° *Marie-Augustine Guesnon* naquit à Guise (Aisne), en Décembre 1870. Elle épousa, âgée de 22 ans, à Bapaume, le 30 Avril 1893, *Henri Dollé*, né à Vaulx-Vraucourt (Pas-de-Calais), le 20 Mai 1866 et propriétaire dans la même commune. A l'époque de son mariage, il était agriculteur à Bancourt, près Bapaume.

C'est dans cette commune que mourut Marie Guesnon, femme Dollé, le 24 Fév. 1894, à la suite de la naissance de son fils.

Son mari, Henri Dollé, est également décédé.

De ce mariage, un seul enfant.

E

Jean-Louis Dollé, né à Bancourt, le 17 Fév. 1894.

Il fit ses études au collège d'Anage, puis à l'école d'agriculture de Berthonval.

Il s'engagea, le 20 Mars 1913, dans un régiment d'artillerie de campagne à Alger. D'Octobre 1813 à Mars 1915, il fait campagne au Maroc, et de Nov. 1915 à Déc. 1916, en Orient. Une maladie de fièvres le fit évacuer en France. Bientôt il est envoyé sur le front Français. Il est blessé en Avril 1918 et réformé pour fracture de l'humérus gauche avec paralysie radiale, le 9 Septembre.

Il a épousé à Paris, le 18 Sept. 1918, *Marie-Thérèse Leroy*, née à Bazoncourt (Marne), le 11 Juillet 1894.

Il est actuellement (14 Fév. 1924), agriculteur propriétaire sur la ferme paternelle, à Vaulx-Vraucourt (Pas-de-Calais).

D

4° Une quatrième enfant d'Auguste Guesnon et de Emma de Kermarec, *Blanche Guesnon*, mourut à Ploërmel (Morbihan), à l'âge de deux ans environ, et fut inhumée avec les ancêtres paternels.

C

Emma de Kermarec eut aussi une sœur, 2° *Maria de Kermarec*, d'un an ou deux plus jeune qu'elle, décédée à Albert (Somme), âgée de 8 à 10 ans.

B

Virginie de Kermarec de Traurout.

6° Fut la sixième et dernière enfant, du mariage de Léandre de Kermarec avec Françoise Bohineust. (v. p. 142).

Elle naquit à Ferrières, au village de la Tertenais, le 24 Octobre 1810, et fut baptisée le lendemain. Elle eut pour parrain, Joseph Plessis, son cousin maternel, et pour marraine, sa sœur, Caroline de Kermarec, âgée seulement de sept ans à peine.

Elle vint avec ses parents à St-Hilaire-du-Harcouët (Manche), vers l'âge de 15 ans. En 1830, elle est marraine, à Lonlay-le-Tesson, (Orne) de son neveu et futur gendre, Alexandre Letourneur (31 Août).

Extrait des registres de catholicité de la paroisse de St-Hilaire : «Le lundi 28 Nov. 1838, après la publication de un ban, le sieur *Hippolyte Guilmard*, commis ambulant dans l'octroi de Paris, natif de Parigny (Manche) et domicilié à Paris, fils majeur de feu sieur Pierre-Louis Guilmard et de dame Marie Modeste Lair, son épouse, d'une part ;

Et Mademoiselle Virginie de K/marec de Traurout, vivant chez ses père et mère, native de Ferrières et domiciliée en cette paroisse, majeure etc.

Se sont donné consentement mutuel pour le mariage etc.

A. Lehurey
vicaire

Virginie de Kermarec, femme Guilmard, est morte en 1865, âgée de 55 ans environ. Hippolyte Guilmard est mort après 1870.

Voyez pages : 135, 136, 140, pour les héritages et aussi page 141.

Du mariage de Hippolyte Guilmard avec Virginie de Kermarec de Traurout, sont nés trois enfants :

(C) 1° *Paulina*, 2° *Hippolyte*, 3° *Nathalie*.

C

Paulina Guilmard naquit en 1837. En 1855, elle épousa son cousin germain, Alexandre Letourneur (V. p. 150).

De ce mariage sont nés (D) *neuf enfants*, tous morts au berceau.

2° *Hippolyte-Lézin Guilmard*, né en 1840, est décédé en 1887.

3° *Nathalie-Angélique Guilmard* naquit en 1846. Elle épousa, en 1862, *Mathurin Le Gallo*, employé d'octroi.

Elle est morte en 1912.

Aucun des enfants *Guilmard* n'a laissé de postérité.

— Généalogie —
de la Famille de KERMAREC

dérivée des premiers ducs de Normandie.

I

Rollon ou Robert, premier duc de Normandie (912-932), marié à *Poppé*, fille de Bérenger, qualifié vaillant Prince, comte de Bayeux.

II

Guillaume 1er, surnommé Longue-Épée, Duc de Normandie (927-942), épousa *Sprot*, d'une très noble maison originaire de Danemarck.

III

Richard 1er, surnommé le Grand et Sans Peur, Duc de Normandie, (943-996), époux de *Gonnor*, d'une grande famille de Danemarck, morte en 1031.

IV

Richard II, surnommé le Bon, duc de Normandie, (996-1026), épousa *Judith*, fille de Conan 1er, comte de Bretagne, et d'Ermengarde d'Anjou.

V

Robert II, surnommé le Magnifique, duc de Normandie (1027-1035), marié à *Harlette*, mort à Nicée, en Bithynie, le le 2 Juillet 1035.

VI

Guillaume, surnommé le Conquérant, Duc de Normandie, (1035-1087), et roi d'Angleterre, épousa, l'an 1049, *Mahaud*, fille de Beaudoin V, Comte de Flandres.

VII

Henri 1er, surnommé le Lion, roi d'Angleterre, (1106-1135), Duc de Normandie, épousa *Mathilde*, fille de Malcolm, roi d'Écosse, morte l'an 1118.

VIII

Mathilde, Duchesse de Normandie, née l'an 1104, épousa l'an 1129, *Geoffroy*, comte d'Anjou, dit Lebel et Plantagenet, mort en 1151.

IX

Henri II, dit Court-Mantel, roi d'Angleterre, Duc de Normandie, (1148-1189), *épousa Éléonore*, fille de Guillaume X, dernier duc d'Aquitaine :

X

Éléonore d'Angleterre, Sœur de Richard Cœur-de-lion, roi d'Angleterre, épousa l'an 1170, *Alphonse IX*, le Bon ou le Noble, roi de Castille (1158-1214).

XI

Blanche de Castille, épouse, le 23 Mai 1200, *Louis VIII*, le Lion, roi de France.

XII

Saint-Louis, roi de France, époux de *Marguerite*, fille de de Raymond Bérenger, Comte de Provence.

Ce tableau est emprunté à une "Notice généalogique sur la Maison de Morant" (Edition de 1907.)

Pour la suite de la Généalogie, voyez page 182 § XII Saint-Louis IX, roi de France etc.

— Généalogie —
de la famille de KERMAREC

Dérivée des rois Capétiens
dont Saint-Louis

D'après une "notice généalogique sur la maison de Morant" jusqu'à St-Louis. (Edition de 1907).

Robert 1er, surnommé le Fort, duc et marquis de France, comte d'Anjou, est l'auteur de la troisième race des rois de France, qui est la plus ancienne, la plus noble et la plus illustre de l'univers et dont descendent les plus puissantes dynasties de l'Europe. Il épousa N... sœur d'Adélème, comte de Laon ; tué en 866.

II

Robert II, Duc de France, comte de Poitiers, marquis d'Orléans. Il se fit élire et couronner Roi, dans l'église abbatiale de St-Rémi de Reims, par l'Archevêque Hérivée, le 29 Juin 922. Epoux de *Béatrix*, fille de Pépin 1er, comte de Vermandois et de Senlis, arrière-petit-fils de Pépin, roi d'Italie, second fils de l'empereur Charlemagne.

III

Hugues, Duc de France et de Bourgogne, comte de Paris et d'Orléans, surnommé le Grand, le Blanc et l'Abbé. Élu roi de France et sacré à Reims par Artaud, l'an 936. Il mourut le 17 Juin 956 et a été enterré à St-Denis. Epoux de *Judith*, fille de Rotilde, estimée Sœur de Louis-le-Bégue et Tante du roi Charles-le-Simple.

IV

Hugues, surnommé Capet, roi de France. Il fut élevé à la Couronne du consentement des Princes et Grands Seigneurs assemblés à Noyon, en Mai 987, sacré et couronné à Reims. Mort le 24 Octobre 996 et enterré à St-Denis. Épousa *Adélais*, fille de Guillaume III, dit Tête d'Etoupes, Duc de Guyenne et Comte de Poitou.

V

Robert le Pieux, Roi de France, associé à la couronne par son père et sacré à Reims, le 1er Janvier 988. Mort au château de Melun, le mardi 20 Juillet 1031 et enterré à St-Denis, devant l'autel de la Trinité. - Époux de *Constance*, fille de Guillaume 1er, comte de Provence et d'Arles, et d'Adèle, dite Blanche d'Anjou.

VI

Henri 1er, roi de France, né l'an 1005, Duc de Bourgogne en l'an 1016, associé au trône et couronné roi à Reims, du vivant de son Père, au mois de Mai 1027, marié l'an 1044, avec *Anne de Russie*, petite-fille de St-Wladimir 1er et d'Anne, fille de Romain-le-Jeune, Emp. de Constantinople.

VII

Philippe 1er, roi de France (1060-1108), né l'an 1053, fut sacré roi à Reims par l'archevêque Gervais de Bellesme, le 13 Mai 1059, sous la tutelle de Beaudouin V, comte de Flandre. Marié avec *Berthe*, fille de Florent, comte de Hollande et de Frise, et de Gertrude de Saxe, mariée en 1071, morte en 1096.

VIII

Louis VI, le Gros, roi de France, né l'an 1081, associé au trône de 1098 à 1108, roi de 1108 à 1137. Il prêta assistance aux Papes Gélase II, Calixte II, Innocent II et fit bâtir le château du Louvre. Mort le 1er Août 1137. Marié, l'an 1115, avec *Alix* ou *Adélaïde*, fille de Humbert le Renforcé, comte de Savoie, et de Gisèle de Bourgogne.

IX

Louis VII, le Jeune, roi de France, sacré à Reims par le pape Innocent III, l'an 1131. Il entreprit la seconde croisade. Époux *d'Alix*, fille de Thibault-le-Grand, Comte de Champagne et de Blois, et de Mahaut de Flandres.

X

Philippe II Auguste, roi de France, épousa *Isabelle*, fille de Beaudoin IV, comte de Hainaut.

XI

Louis VIII, le Lion, roi d'Angleterre (1215-1217), roi de France (1223-1226). Se croisa contre les Albigeois. Mort au château de Montpensier, l'an 1226 et enterré à St-Denis. Il avait épousé *Blanche de Castille*, le 23 Mai 1200, fille d'Alphonse IX, le Bon ou le Noble, roi de Castille (1158-1214) et de Eléonore d'Angleterre, sœur de Richard Cœur-de-Lion. (v. p. 179)

Filiation selon le tableau dressé par M. de la Messélière.

XII

Saint-*Louis IX*, roi de France § (V. p. 179) 1226-1270. Né en 1215. Epousa à Sens, l'an 1234, *Marguerite de Provence* qui mourut à Paris, le 20 Déc. 1295.

XIII

Philippe III, le Hardi, roi de France (1270-1285), épousa, en premières noces, *Isabelle*, ou Elisabeth d'Aragon (1247-1271), fille de Jacques 1er, roi d'Aragon, mariée en 1262, morte à Cosenza (Calabre), en revenant de la huitième croisade où elle avait accompagné son mari.

XIV

Philippe IV, le Bel, roi de France (1285-1314), épousa, en 1284, *Jeanne de Champagne*, fille unique de Henri 1er, roi de Navarre et comte de Champagne. Reine de Navarre.

XV

Louis X, *le Hutin*, roi de France (1314-1316), épousa, en 1305, *Marguerite de Bourgogne* (1290-1315), sa cousine du 2 au 3, fille de Robert II, duc de Bourgogne.

XVI

Jeanne de France, reine de Navare, épousa en 1318, *Philippe III*, comte d'Évreux, arrière-petit-fils de Saint-Louis, par un second mariage de Philippe III, roi de France, avec Marie de Brabant.

XVII

Jeanne de Navarre épouse, en 1377, *Jean, Vicomte de Rohan.*

Le tableau ci-contre indique que **Jean de Rohan**, *et par conséquent* les **de Kermarec**, *descendent trois fois de* **Saint-Louis**.

XVIII

Edouard de Rohan, épouse *Marguerite de Châteaubriand.*

XIX

Louis de Rohan, épouse, vers 1440, *Jean de Rostrenen.*

XX

Béatrix de Rostrenen épouse *Jean V d'Acigné.*

SAINT-LOUIS, Roi de France (1226 – 1270)

A		A
Philippe III, Roi de France,		*Agnès de France*
épouse, en 2e noces, en 1275 : *Marie de Brabant.*	épouse, en 1res noces, en 1262 : *Isabelle d'Aragon.*	épouse *Robert II*, duc de Bourgogne, roi de Thessalonique.
B	B	
Louis, com[te] d'Evreux épouse *Marguerite d'Artois.*	*Philippe IV.* le Bel, épouse *Jeanne de Champagne.*	
	C	B
	Louis X, roi de France et de Navarre.	*Marguerite de Bourgogne.*
C	D	C
Philippe III, comte d'Evreux, roi de Navarre.	*Jeanne de France*, reine de Navarre, mariée en 1318.	
D	E	D

Jeanne de Navarre* épouse, en 1377, *Jean, Vicomte de Rohan.

XXI

Marguerite ou Guillemette d'Acigné épouse *Jean Gauteron du Plessis Gauteron.*

XXII

Raoul Gauteron, seigneur du Plessis, épouse, en 1486, *Jacquette La Vache de la Touche à la Vache.*

XXIII

Françoise Gauteron épouse, en 1506, *Guillon des Cognets de Galinée.*

XXIV

Gillette des Cognets de Galinée épouse, en 1530, *Mathurin de Bréhant de Belle-Issue.*

XXV

Jean de Bréhant de Galinée épouse, en 1572, *Jeanne du Plessis Mauron.*

XXVI

Louis de Bréhant, chevalier, seigneur de Galinée en St-Pôtan, gentilhomme de la chambre du Roi, chevalier de St-Michel, maréchal de Camp, mort en 1633, épouse, le 30 Déc. 1599, *Catherine Huby de Kerlosquet*, morte le 30 Octobre 1645.

XXVII

Hélène de Bréhant épouse, en Déc. 1635, *Hervé Boschier*, seigneur de la Ville-Haslé en Hénanbihen.

XXVIII

Claude Boschier, écuyer, seigneur de la Ville-Haslé, Ourxigné en Meslin et la Ville-Chapé, épouse en 1661, *Françoise Tranchant du Tret.*

XXIX

Anne Boschier de la Ville-Haslé, épouse à Lamballe, le 30 Déc. 1688, *Gilles Le Picart*, écuyer, seigneur des Tronchays en Morieux. (v. p. 23 et 30).

XXX

Claude-Françoise Le Picart, dame des Tronchays, épouse à St-Jean de Lamballe, le 14 Avril 1711, *Claude-Joseph de*

Kermarec, chevalier, seigneur de Traurout et de la Demi-Ville. *(* v. p. 23).

XXXI

Claude-Joseph II de Kermarec, comte de Traurout, chevalier, conseiller au Parlement de Rennes, épouse, à Maroué, le 8 Mai 1742, *Françoise Bertho de la Cornilière.(* v. p. 25 et 29*).*

XXXII

8e enfant : *Léandre François de Kermarec,* épouse à Landivy, le 14 Déc. 1801, *Françoise Bohineust. (*v. p. 106).

XXXIII

Caroline-Reine de Kermarec, épouse, à Domfront *(*Orne*),* le 12 Avril 1825, *Jean-François Letourneur,* (v. p. 142 et 143*).*

XXXIV

*Célestine-Clémentine Letourneur, (*8e enfant) épouse, à St-Hilaire-du-Harcouët, le 26 Août 1856, *Amand-François Deschamps* qui a été instituteur aux Loges-Marchis, (v. p. 164).

XXXV

Amandine Deschamps épouse aux Loges-Marchis, le 25 Janvier 1881, *Eloi Lacocquerie,* négociant à Antrain. (v. p. 166)

XXXVI

Éloi II Lacocquerie. négociant à Antrain, épouse à St-Ouen - de - la - Rouairie, le 15 Janvier 1913, *Blanche-Rosalie Galodé.*(1) (v. p. 166)

XXXVII

1° Eloi III Lacocquerie, né né à Antrain le 3 Janvier 1914.

2° *Jean Lacocquerie,* né à Antrain le 13 Nov. 1915.

3° *Marie-Blanche Lacocquerie,* née à Rennes, le 1er Fév. 1918.

XXXV

Anatole - Ferdinand Deschamps, né aux Loges-Marchis, le 22 Mars 1860, ordonné prêtre en la cathédrale de Coutances, le 29 Juin 1883.

N. B. - Chacun pourra compléter sa généalogie sur les pages blanches qui terminent le volume.

---

(1) Du mariage d'Éloi Lacocquerie avec Amandine Deschamps est née aussi ; *Marie-Joseph Lacocquerie,* qui a épousé à Antrain, *Augustin-Guy Audroing-Housais,* (v. p. 168), le 25 Nov. 1920.

A. D.

www.ingramcontent.com/pod-product-compliance
Ingram Content Group UK Ltd.
Pitfield, Milton Keynes, MK11 3LW, UK
UKHW022103260726
13993UKWH00001B/292